KB215849

하나님의 때

하나님의 완벽한 때를 기다리는

_______________ 에게 사랑의 마음을 담아

이 책을 드립니다.

글·그림 **햇살콩** 김나단×김연선

프롤로그

2014년에 아내를 만나 결혼을 약속했습니다.
결혼 후 함께 외국에 나가 저는 선교학을,
아내는 상담학을 더 공부하기로 했어요.
순조롭게 진행되어 비자도 나왔습니다. 마음이 설렜습니다.
그런데 상견례를 앞둔 어느 날,
우리 계획과는 전혀 다른 하나님의 마음이 부어졌습니다.
학교 기숙사 기도실에서 기도할 때,
하나님께서 이런 마음을 주셨습니다.

'내가 너를 기뻐한다.
내가 네게 더 큰 것을 보여주고 싶다.'

그리고 먼저 빚을 갚으라는 마음을 주셨습니다.
그때 아내에게 학자금 대출이 남아있었거든요.
아내와 이 마음을 나누고, 순종하기로 결정했습니다.
우리는 양가 부모님에게 이렇게 말했습니다.

"저희 결혼을 허락해주세요. 그리고 유학 계획은 잠시 미루려고 해요.
하나님께서 주시는 마음이 있어서 대출을 먼저 해결하려고 합니다."

부모님은 우리를 따뜻하게 안아주셨습니다.
그리고 도와주지 못하는 형편을
안타깝고 미안하게 생각하시며
진심으로 기도해주셨어요.

우리는 처갓집, 아내가 쓰던 2평짜리 방에서
신혼 생활을 시작했습니다.
그리고 저는 신학교를 졸업한 뒤
몸 쓰는 일을 해서 돈을 모았습니다.
이삿짐 나르는 일을 했지요.

한 달 만에 몸무게가 10킬로그램이 빠졌습니다.
다른 사람들에 비해 힘도 약하고, 처음 일하다 보니
손발이 안 맞아 귀가 후에는 몸에 상처가 남았지요.
거친 말이 오가는 환경 속에서
제일 싫어하는 담배 냄새를 참으며
새벽에 나가 늦게까지 일했습니다.
불평할 것, 비교할 것투성이였습니다.
몸이 너무나 힘든 날에는 다 포기하고 싶었습니다.

그러던 어느 날,
'내가 너를 기뻐한다. 내가 네게 더 큰 것을 보여주겠다'라고 하셨던
하나님 말씀이 생각나며 이런 마음이 들었습니다.

'나단아, 거기가 바로 네 선교지다.'

그날부터 출근할 때마다 '이곳이 내 선교지다'라고
속으로 되뇌며 찬양을 불렀습니다.
그랬더니 신기하게도 감사를 고백하게 되었습니다.
우리의 시선으로 보면 희망이라곤 찾을 수 없는 상황이었지만,
하나님의 관점으로 보니 모든 것이 다르게 보였습니다.
그때 적어놓은 감사의 제목들입니다.

"일할 곳을 허락해주셔서 감사,
다소 거칠지만 속마음이 너무나 착한 형들과 일하게 하심에 감사,
세탁기를 혼자 들 수 있어 감사,
주일에 교회 갈 수 있음에 감사,
아내와 아이스크림 한 개와 호떡 하나에 행복할 수 있어서 감사."
몸이 정말 힘든 날에도 일을 마치고

아내와 500원짜리 아이스크림을 먹으며
서로의 하루를 이야기하면 참 행복했습니다.
그때부터 같이 일하는 형들에게 복음을 전하기 시작했어요.
제 삶에서 예수님을 보여주려고 노력했습니다.
그리고 기회가 될 때마다 동료 몽골인 형들을 집으로 초대해
한국 음식을 대접하며 교제했습니다.

그때쯤 하나님께서 아내에게 SNS를 선교지로 보여주셨습니다.
캘리그라피라는 달란트로
그곳에 복음의 씨앗을 심게 하셨지요.
"하나님의 복음을 전하는 씨앗, 햇살콩"이라는 이름으로
매일 글과 그림을 통해 복음을 흘려보냈습니다.

빚 갚는 2년 동안 하나님께서 우리 가정을 훈련시키셨습니다.
물질의 욕심을 내려놓고 하나님만 의지하며,
더욱 견고히 믿음의 반석을 세우고,
내가 밟는 땅이 '선교지'임을 깨닫는 훈련이었습니다.
이것은 책상에 앉아 책으로만 다 알 수 없던 것들이었습니다.
세상 사람들은 가련한 신혼을 보냈다 할지 모르겠습니다.

그러나 우리 부부에게는 가장 젊고 좋은 시기에
하나님을 깊이 만나고 체험했던 크나큰 축복의 시간이었습니다.

빚을 다 갚은 시점에
하나님께서 저를 국제복음선교회로 옮기셨습니다.
지금은 전 세계에 25가정을 파송한 이 단체에서
최선을 다해 사역을 감당하고 있습니다.
또 햇살콩 SNS페이지를 통해서
현재 7만 명이 넘는 독자들과 매일 소통하며
하나님의 말씀을 함께 나누고 있습니다.
이제 책으로도 많은 사람을 만납니다.
정말 생각지도 못한 신비한 일이지요.

'내가 너를 기뻐한다. 내가 네게 더 큰 것을 보여주고 싶다'라고 하신
하나님의 말씀을 다시 떠올려봅니다.

"하나님의 완벽한 때를 기다린다"는 말은
무작정 기다리는 게 아닙니다.
하나님이 나와 함께하심을 믿고

모든 순간을 하나님께 올려드리는 것,
눈에 보이는 상황과 문제가 아니라
하나님의 일하심을 신뢰하며
그분의 관점으로 바라보려는 노력과 다르지 않습니다.

이 책에는 이와 같은 순간들이 담겨있습니다.
매 순간 우리의 상황을 하나님께 올려드렸을 때,
그분이 우리에게 부어주셨던 마음을 담았습니다.
하나님께서 이 책을 읽는 당신에게도
이렇게 말씀하시길 간절히 기도하며 축복합니다.

"내 사랑아,
너는 혼자가 아니야. 내가 늘 함께한단다.
네게 주어진 모든 시간은 내게는 이런 의미란다."

/ 햇살콩 김나단×김연선

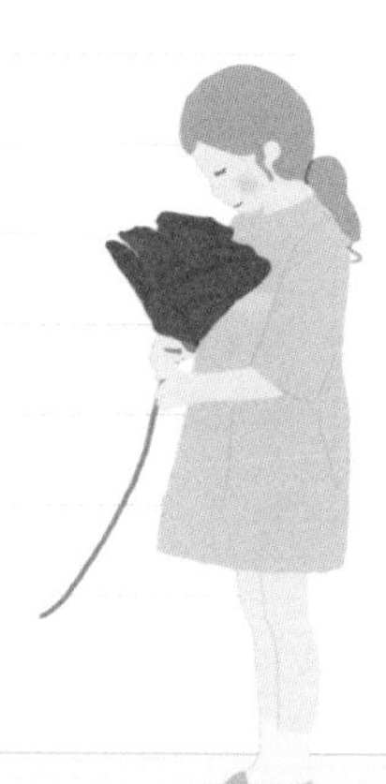

차례

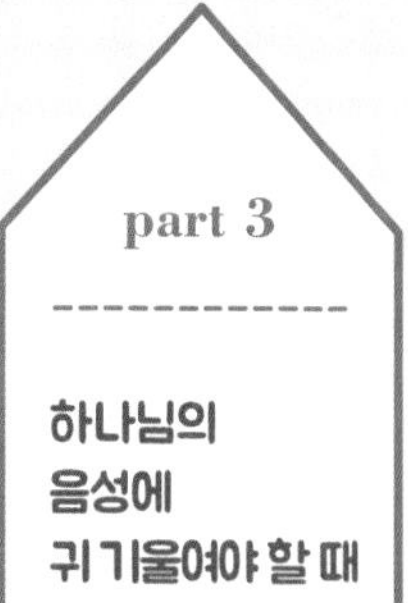

part 4

하나님을 전적으로 신뢰해야 할 때

일러두기

—

성경 구절은 개역개정과 표준새번역을 인용했습니다.

PART 1

하나님께 내 마음을 털어놓아야 할 때

도무지 기도가 나오지 않을 때가

나에게 기도가 가장 필요할 때입니다.

자존감이 한없이 무너질 때

하나님,
저는 이 땅에 왜 태어난 걸까요?

하나님께서 이루시고자 하는
사명과 비전이 각자에게 있다고 하셨는데,
제게도 있을까요?

사람들에게 무시당하거나
버거운 상황 속에서 도망다니는 게
너무 지치고 힘들어요.
다 포기하고 싶어요.

어디를 가든 늘 주눅 들어있고
"하나님이 나와 함께하신다!"라고 되뇌며
기쁘게 집을 나섰다가도
몇 시간이 채 지나지 않아
시무룩한 제 모습을 마주합니다.

누군가의 말 한마디로
마음이 무너져 내리기도 합니다.

사람들이 어떤 의도로 말했건
사실이 아니면 흘려들을 이야기들을
겉으로 내색은 안 하지만
모두 마음속에 담아 두어요.

하나님,
저는 왜 이렇게 자존감이 낮을까요?

말씀으로 무장해서
늘 기쁘게 살아가는 사람들이 부러워요.
주님과 동행하며 감사를 잃지 않는 이들이요.

저도 그런 삶을 살 수 있을까요?
당당하고, 기쁨이 마르지 않는
그런 삶을 살 수 있을까요?

저도 주님의 사랑받는
당당한 자녀로 살고 싶어요, 주님!

내 사랑아,
네가 주눅 들어있는 모습을 보니
내 마음이 아프구나.

내가 부어주는 사랑을 누리지 못하고
잔뜩 웅크린 채로
연신 눈물만 훔치는 네 모습을
내가 얼마나 슬퍼하는지 모를 거야.

내 사랑아,
나의 사랑에는 차별이 없어.

누구에게는 더 많은 사랑을 주고,
또 다른 누구에게는 조금만 나눠주는
그런 하나님이 아니란다.

네게도 사명과 비전이 있냐고 물었지?

당연하지.
내가 너를 창조할 때

네게 가장 알맞은
사명과 비전을 이미 계획하고,
네 삶을 인도하고 있는 걸.

내 사랑아,
너는 내게 더할 나위 없는 '기쁨'이란다.

내가 해와 달 그리고
하늘과 바다를 만들었지.
들에는 꽃이 자라게 하고
동물들은 마음껏 뛰어놀게 했어.

이 모든 것을 만들고 참 기뻤지만,
가장 기뻤을 때는 너를 만들었을 때란다.

네 마음을 각박하게 하고
주눅 들게 하는 곳으로부터 눈을 돌려

내가 만들어놓은 이 세계를 바라보며
기억했으면 좋겠구나.

세상의 모든 것보다
너를 가장 아름답게 지었다는 걸.
그리고 내 형상을
꼭 닮게 창조했다는 것도 말이야.

너는 내 자랑이자 영원한 기쁨이야.

오늘도 네 마음을 갉아먹는 감정으로부터 벗어나
나를 닮은 자녀임을 잊지 말고 살아가렴.

내가 이렇게 태어났다는 것이 오묘하고
주께서 하신 일이 놀라워, 이 모든 일로,
내가 주님께 감사를 드립니다

시편 139:14

자존감이 한없이 무너질 때가
내가 하나님의 더할 나위 없는
기쁨이라는 것을 기억해야 할 때입니다

온전히 하나님을 신뢰하고 싶을 때

하나님,
저는 생각이 너무 많습니다.

특히 잠자리에 들 때,
조용히 하나님을 묵상하며
감사로 하루를 마무리하고 싶지만
왜 그리 생각이 많은지….

생각은 늘 꼬리에 꼬리를 물고 옵니다.
거의 대부분이 쓸데없는 걱정입니다.

제 삶을 이끌어가시는
하나님께 온전히 집중하지 못하고
제 생각과 계획을 의지하기 때문인 것 같습니다.

하나님,
제게 내려놓을 걸
내려놓을 줄 아는
지혜가 있길 기도합니다.

그리고
당신을 온전히 의지하며
신뢰하고 싶습니다.

이 시간,
조용히 하나님의 음성을 기다립니다.

내 사랑아,
나 또한 사랑하는 내 자녀가
나를 온전히 신뢰하며 따르길 원한단다.

네 인생은 도화지란다.
그리고 그 위에
그림을 그리는 이는 바로 나야.

나는 네 도화지 위에
세상에서 단 하나뿐인
아주 멋진 그림을 그릴 거야.

그런데 생각해보렴.

내가 스케치부터 시작하려고
붓을 들었는데,
하얀 도화지 위에
이미 다른 그림들이
가득 그려져 있다면 어떨까?
도화지는 한 장뿐인데….

네 생각,
네 걱정,
네 계획이
도화지 위에 그림을 잔뜩 그려놓았구나.

내 사랑아,
내가 그리고 싶은 그림을 그리기 위해서는
하얀 도화지가 필요하단다.

내일 일을 걱정하지 마라.
네 인생의 앞날을 너무 걱정하지 마.

사랑의 마음으로
붓을 들고 있는 하늘 아빠에게
'온전히' 네 도화지를 맡겨다오.

세상에서
가장 아름다운 그림을 그려줄,
하늘 아빠의 솜씨를 신뢰하고 기대하렴.

내 영혼아, 잠잠히
하나님만 기다려라
내 희망은 그에게서 온다

시편 62:5

마음속에 걱정이 가득 찰 때가
하나님께 흰 도화지를 내어 드려야 할 때입니다

기다림에 지쳐갈 때

하나님,
제 삶에 당신의 일하심을
간절히 기다립니다.

제 오랜 기도를 다 들으셨지요?
지금도 보이지 않게 일하시지요?
기다림의 시간이 길어질수록
제 마음이 지쳐갑니다.

오늘도 보이지 않는 당신을 믿으며
은혜를 베풀어주시길 기도합니다.

아무것도 바뀌지 않는 현실 속에서
때로 실망하지만,
역전의 명수이신 하나님께는
능치 못함이 없음을 신뢰합니다.

끝까지 당신의 일하심을 기다리는
제가 되길 이 시간 기도합니다.
하나님, 은혜를 베풀어주세요.

내 사랑아,
기다림의 시간을 견디느라
고생이 많구나.

시간이 지나도
상황이 달라지지 않아서
점점 더 버티기 힘들어하는 걸
잘 알고 있다.

'하나님, 왜 제게 이런 시간을 주시나요?'
'왜 감당하기 어려운 상황을 주시나요?'
너는 답답한 마음으로 기도하지.

내 사랑아,
사람의 생각과 내 생각은 다르단다.
사람의 시간과 내 시간도 다르지.

지금도 '왜 나만 이럴까'라고 질문하며
상황과 하늘 아빠를 원망하는 내 자녀들에게
이렇게 기도하라고 가르쳐주고 싶다.

'하나님, 제게 이 상황을 허락하셨으니,
제가 어떻게 해야 할지 알려주세요.'

내가 이 상황 또한
허락한 것이라 믿고,
선하게 이끌어갈 내게
도움을 요청하면 좋겠구나.

내 사랑아,
네게 기다림의 시간을 허락하는
목적이 있단다.

기다려서 얻는 일이 있지만
결국 얻지 못하는 일도 있어.
지금은 그 이유를 알기 어렵겠지만
시간이 지나면 알려줄게.

네가 간절히 기도하며
기다림의 시간을 보낼 때
내가 늘 함께할 거야.

네 옆에서
보이지 않게 일하는 내가 있단다.
그래서 너는 안전하단다.

내 사랑아,
내 말이 네게 위로가 되었으면 좋겠구나.

오늘도,
나와 함께 인내하자.

여러분은 인내력을 충분히 발휘하여,
조금도 부족함이 없이 완전하고
성숙한 사람이 되십시오

야고보서 1:4

인내함으로 상황을 버텨나갈 때가
살아계신 하나님을 더욱 오롯이 느낄 때입니다

혼자라고 느껴질 때

하나님,
오늘처럼 마음이 메마를 때가 있습니다.

제 자존감을 짓밟는 사람,
제 친절을 의심하는 사람,
제게서 이득을 취하기 위해
다가오는 사람들 틈에서
숨쉬기가 버겁습니다.

오로지 혼자라고만 느껴져,
말할 수 없이 외롭고 슬픕니다.

이 시간,
한없이 주님만 생각합니다.

하나님,
제 마음속의 소리를 다 듣고 계시죠?

어떻게 감당해야 할지
하늘의 지혜가 필요합니다.

이 상황을 통해

제 마음을 다스리시고

아버지의 뜻을 알게 해주세요.

내 사랑아,
고독과 외로움이
너를 완전히 삼키기 전에
내게로 달려와주어 고맙구나.

'내 옆에는 왜 이런 사람들만 있는 걸까?
결국 아무도 없어.
나는 혼자야.'

외로움은
언제나 네게 말을 걸어오지.

내 사랑아,
그 시간에 네가 무엇을 생각하고
누구와 이야기하느냐가 중요하단다.

지금처럼 나를 깊이 생각한다면
결코 부정적인 감정이
너를 삼키지 못할 거야.

네 친구가 너를 떠나고,
아끼던 사람이 떠나고,
심지어 가족도 너를 떠날 수 있단다.

그런데
결코 변하지 않는 게 있지.
내가 네 곁에 항상 있다는 사실이야.
나는 너를 결코 떠나지 않아.

이 세상의 어떤 빛보다 반짝이는
내 사랑아,
너는 결코 혼자가 아니야.

오늘처럼
혼자라고 느낄 때면,
내가 네게 들려주는 사랑의 편지를 펼쳐보고
내 따뜻한 사랑을 확인하렴.

오늘도 나는 네게 들려줄 이야기를 가득 안고
너와 대화하기를 기다리고 있단다.

하나님은 사랑이십니다
사랑 안에 있는 사람은 하나님 안에 있고,
하나님도 그 사람 안에 계십니다

요한일서 4:16

외로움에 사무칠 때가
나를 결코 떠나지 않으시는 하나님을
간절히 찾아야 할 때입니다

성경이 잘 믿어지지 않을 때

하나님,
성경 이야기는
신비하고 오묘한 듯해요.

읽을 때마다 새로운 은혜가 주어지니
참 감사해요.

저는 하나님이 살아계심을 믿어요.
하지만 때때로 성경의 어떤 부분들은
잘 믿어지지 않아요.

부분이 아닌 전체를 믿어야 하는데,
가끔씩 비현실적 소설처럼
느껴질 때가 있어요.

신앙의 선배들에게
제 고민을 털어놓으면
그냥 믿으라며 책망하듯 말해요.

하지만 그냥 믿는 것이 제게는 더 어려워요.

이런 제가 잘못된 걸까요?

주님,
주님의 말씀이 믿어질 수 있게
제 안에 주님께서 기뻐하시는
온전한 믿음을 심어주세요.

간절한 마음으로 기도합니다.

내 사랑아,
네가 잘못된 게 아니란다.

성경에는 내가 행한 많은 일이 담겨있지.

네 말처럼 오묘하기도 하고
깊은 이해가 필요하기도 해.

그런데 나는 네게 조심스레 묻고 싶구나.
중요한 부분이야.

나를 믿고 있는 게 맞니?
네 창조주인 나를 정말 진심으로 신뢰하니?

성경을 믿으려고 하기 전에
나를 믿는 게 먼저란다.

나와 매일 대화를 나누고
친밀하게 교제하자.
온 마음을 다해 나를 찾아라.

나를 믿으면
성경의 이야기들이 다 믿어진단다.
그러다 보면 말씀을 읽는 일이
자연스럽고 더 재미있을 거야.

네가 믿기 힘들어하던
창조 이야기,
홍해를 가른 이야기,
예수 한 사람이 세상을 구원하는 이야기가
정말 생생하게 믿어질 거야.

내가 행했던 일들을
믿음의 눈으로 보기 시작하면
소설과는 비교할 수 없는
흥미진진한 이야기가 네 눈앞에 펼쳐질 거란다.

성경을 계속 읽고, 묵상하며
말씀이 네 입에서 떨어지지 않게 하렴.

성경을 통해
나를 네게 조용히 드러내 보이겠다.

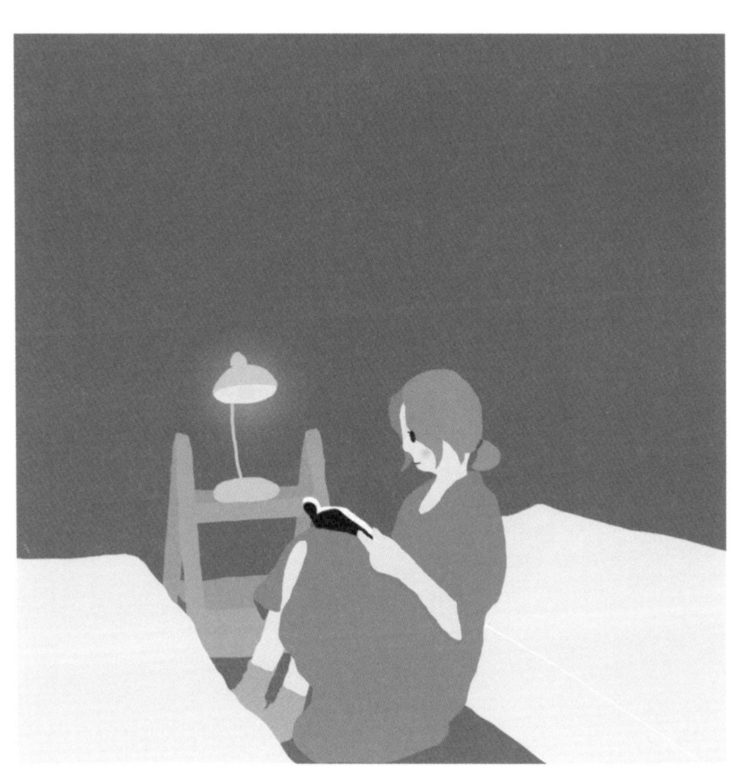

대저 하나님의 모든 말씀은 능하지 못하심이 없느니라

누가복음 1:37

성경이 잘 믿어지지 않을 때가
진리되시는 하나님을 먼저 믿어야 할 때입니다

기도가 나오지 않을 때

하나님,
때로 기도가 나오지 않습니다.

"주님, 주님, 주님…."
몇 마디 입을 떼어보지만
공허한 메아리처럼 느껴져서
이내 입을 닫아버립니다.

언제부턴가
주님과의 친밀한 교제가 사라져버린
제 모습을 마주합니다.

하나님,
이럴 때는 어떻게 해야 할까요?

주님이 제 마음과 입술을 열어주셔서
공허한 메아리가 아니라,
하나님과의 대화가 회복되길 원합니다.

이 시간을 통해
하나님을 더 알기 원합니다.

내 사랑아,
오늘 네 그 마음을, 너와의 대화를
오랫동안 기다렸단다.

고맙구나.

때로는 너와 나 사이를 가로막는
벽 같은 것이 느껴질 때가 있을 거야.

그 벽은 죄 때문에 생기기도 하고,
욕심과 교만 때문에 세워지기도 한단다.

네가 내 존재를 잊고 살면
그 벽은 시간이 지날수록 단단해지고 높아지지.

벽을 허물 수 있는 유일한 방법은,
내 이름을 부르기 시작하는 거란다.

음이 있는 노래로 불러도 좋고,
주기도문의 뜻을 생각하며

천천히 읊조려도 좋다.
중언부언만 하지 마라.

그리고 꼭 기억하렴.

네가 내 이름을 부를 때,
아무리 높고 거대한 벽이라도
무너뜨릴 수 있단다.

내 사랑아,
기도가 안 된다고 해도
결코 포기하지 마라!

내 이름을 계속 불러라.
그리고 너와 나 사이에 있는
벽을 허물어달라고 기도하렴.

나는
언제나, 어디서나
네 목소리에 귀 기울이고 있단다.

하나님, 나의 기도를 들으시고,
이 입으로 아뢰는 말씀에
귀를 기울여주십시오

시편 54:2

도무지 기도가 나오지 않을 때가
나에게 기도가 가장 필요할 때입니다

성장이 느려 답답할 때

하나님,
남들과 비교하는
제 습관을 다듬어주세요.

주님께서 맡겨주신 일에
날마다 최선을 다하고 있지만
가끔 마음 한구석에서 올라오는
'비교' 의식이 제 마음을 무너지게 합니다.

하나님,
천천히 가는 것 같아도
저… 제대로 가고 있는 거 맞죠?

앞서가는 이를 진심으로 축복해주고
하나님께서 제게 맡겨주신 일에
더 집중하고 싶습니다.

이 시간,
당신의 마음을 부어주세요.

내 사랑아,
꽃을 키워본 적 있니?

설레는 마음으로 모종을 사고
어디에 심을지,
물은 몇 번이나 주어야 할지,
어떻게 하면 잘 키울 수 있을지
정보를 찾아보았을 거야.

그리고 정성껏 돌보며
꽃이 필 날을 기다렸겠지.

그런데 아무리 정성을 기울여도
피지 않을 때가 있단다.

시간이 흘러
포기하려던 어느 날,
아름답게 활짝 핀 꽃을 발견하면
크게 기뻐하지.

내 사랑아,
사람도 마찬가지란다.

한날한시에 모든 사람이
꽃을 피울 수는 없어.
성장하는 속도가 제각각이기 때문이야.

그러니 어떤 사람이
먼저 꽃을 피운다고 부러워하지 마라.

나는 네가 아름다운 향기를 낼 수 있게
만드는 중이란다.

조급해하지 않아도,
결국 너는 내가 정한 때에
꽃을 피우게 될 거야.

너를 향한 하늘 아빠의 계획을 신뢰하렴.

선한 일을 하다가,
낙심하지 맙시다
지쳐서 넘어지지 않으면,
때가 이를 때에 거두게 될 것입니다

갈라디아서 6:9

비교 의식에 마음이 조급해질 때가
나를 향한 주님의 계획을 온전히 신뢰할 때입니다

쉼이 필요할 때

하나님,
제게는 쉼이 필요합니다.

분주한 삶 속에서
몸도 마음도 많이 지쳤습니다.

육체의 쉼이 필요한가 싶어
여행도 다니고,
맛있는 것도 먹고,
책도 읽고, 조용한 카페에 앉아
하염없이 하루를 보내기도 했습니다.

좋다는 것을 해보아도
즐거움은 순간이고,
공허함만 가득합니다.

쉬고 싶은데
진정한 쉼을 누릴 수가 없어
마음이 더 괴롭습니다.

제 육체가 아닌 영혼이
생명수를 갈구합니다.

하나님이 주시는 참 평안이 아니면
온전한 쉼을 누릴 수 없음을 깨닫습니다.

주님,
참된 평강과 쉼을 허락해주세요.

내 사랑아,
내 그늘은 언제나 널 위해
준비되어 있단다.

나는 네 육체뿐 아니라
영혼에 더 많은 관심이 있어.

내가 성경을 통해
네게 들려준 편지들을
기억하니?

"내 안에 참 쉼이 있단다."
"내게로 와서 쉬어라."
"나만이 네 피난처란다."

성경의 많은 부분을 통해
들려주었지만,
너는 아직 받아들일 준비를
하지 못한 것 같구나.

내 딸아, 내 아들아,
다시 네게 들려줄게.

쉼이 필요하면 내게 나아오렴.
진정한 피난처와 그늘이 되는
내게로 말이야.

네 영과 육을 살리는 생명수를
가득 부어주겠다.

앞으로 나아와
내 음성에 조용히 귀 기울여보렴.

진정한 쉼은
오직 내게서만,
내 안에서만 누릴 수 있단다.

그가 나를 푸른 풀밭에 누이시며
쉴 만한 물가로 인도하시는도다

시편 23:2

일상에 지쳐 쉼이 필요할 때가
하나님이 부어주시는 진정한 쉼을 구해야 할 때입니다

내게 달란트가 없는 것처럼 느껴질 때

하나님,
당신이 제게 주신 달란트는 무엇일까요?

제 주변에는
다양한 달란트를 가진 사람들이 많아요.

그림을 잘 그리고,
음악을 잘하고,
운동 신경이 뛰어나고,
어느 누구와도 잘 어울리는 사람들이요.

그들의 타고난 재능이 부러워요.

저는 특별히 잘하는 게 없어요.
그저 남들이 하는 정도의 중간만큼,
혹은 중간보다 못하는 일들뿐이에요.

제게도 하나님이 허락하신
달란트가 있을까요?

만약 있다면,
하나님의 복음을 위해 사용하고 싶어요.
하나님의 도구로 쓰임 받고 싶어요.

주님,
제 소망의 기도를 들으시고
주님의 뜻을 위해
저를 사용해주시길 원합니다.

내 사랑아,
나는 세상 사람 각자에게 맞는
달란트를 주었단다.

네 눈에는
누군가의 것이 뛰어나 보이거나
너무 작아 하찮아 보일 수 있지만,
다 그 분량에 맞는 달란트를 부어주었기에
어느 것 하나 부질없는 것이 없단다.

내 영광을 위해
재능을 찾고자 하는 네 모습이
참 사랑스럽고 귀하구나.

다른 사람과 비교하며
자책하거나 서두르지 마라.

자신의 재능을 빨리 알아채는 사람도 있고
더디게 찾는 사람도 있어.
중요한 건 달란트를 성숙시키는 일이란다.

다이아몬드를 발견하는 것도
대단한 일이나
다듬는 과정도 매우 중요하단다.

네게 아주 작은 것이라도
재능으로 느껴지는 게 있다면 다듬어보렴.

네 소망대로
훗날 네 작은 재능으로
내게 영광 돌릴 때
너를 축복의 도구로 사용하겠다.

내 약속을 믿고,
천천히 네 자신을 깊이 살펴보렴.

내 소중한 사랑아,
나와 함께
네 고유의 아름다움과 재능을 찾아가자.

너는 내게 더할 나위 없는
존귀한 존재임을 잊지 마라.

재능을 찾고 다듬는 과정이
어제보다 오늘 더 기쁜 걸음이 되도록,

오늘보다 내일 더 가치 있게 여겨지도록
내가 너와 함께하겠다.

아무것도 염려하지 말고,
모든 일을 오직 기도와 간구로 하고,
여러분이 바라는 것을
감사하는 마음으로 하나님께 아뢰십시오

빌립보서 4:6

내게 달란트가 없다 느껴질때가
내 안에 숨겨져있는 보석을 찾아가야 할 때입니다

내 연약함을 마주할 때

하나님,
아침에 큐티로 묵상한 말씀을
'오늘 하루 굳게 붙잡고 살아가야지!'
다짐하면서도
순간순간 눈앞에 세워진 장애물에
너무 쉽게 걸려 넘어집니다.

하나님의 말씀대로 살려고
발버둥 치지만
연약하고 나약한 제 모습에 실망합니다.

이런 제 모습이
스스로도 사랑스럽지 않습니다.

넘어지고, 연약하고, 죄 많은
저를 사랑하시나요?

고통스럽더라도
제 연약함을 온전히 깨달아
하나님께 더 가까이

나아갈 수 있게 도와주세요.

주님께서 주시는 힘으로만
제가 완전할 수 있음을
믿음으로 고백하게 해주세요!

내 사랑아,
나는 24시간, 365일
네게 온 마음을 집중하고 있단다.

네가 가야 할 길을 알지 못할 때면
길이 없는 곳에 길을 내고,
무엇을 할지 모를 때는
내 계획을 보여주며
네가 할 일들을 깨닫게 하지.

보이지 않아도
나는 네 좌절을 보며
다시 일어설 수 있게
곁에서 손 내밀고 있단다.

너를 위해
나는 쉬지 않고
일하고 있단다.

내 사랑아,
나는 네 연약함을 가장 사랑한다.
네 스스로 연약하다 느낄 때
완전한 하늘 아빠를 더 의지하게 되니까.

그로 인해 우리가
더 가까워질 수 있으니까.

네 연약함은 부끄러움이 아니야.
그러니 네 모습 그대로
받아들이길 두려워하지 마라.

네 연약함이
네게 가장 큰 자랑이 되기까지
나와 동행하는 이 걸음을 멈추지 마라.

내 사랑아,
네 물음에 답해줄게.

나는
넘어지고, 연약하고, 죄 많은 너를…
앞으로도
끊임없이, 영원토록 사랑할 거란다.

태초부터
이미 너를 사랑하기로
작정했기 때문이지.

네 눈에는
네가 전혀 사랑스럽게 보이지 않아도,
내 눈에는 말로 표현할 수 없을 정도로
사랑스러워!

내 사랑아,
사랑한다.
내 아들을 아끼지 않을 만큼.

우리가 하나님을 사랑함은,
하나님께서 우리를 먼저
사랑하여주셨기 때문입니다

요한일서 4:19

나의 연약함을 직면할 때가
하나님께 한걸음 더 가까워질 수 있는 기회입니다

하나님께서 부어주시는 마음을

이곳에 담아보세요.

PART 2

하나님을
더욱 간절히 찾아야 할 때

마음이 무너져 내려

모든 것을 포기하고 싶을 때가

하나님을 더욱 간절히 찾아야 할 때입니다.

하나님보다 더 사랑하는 우상이 생겼을 때

하나님,
십계명의 두 번째 계명을 기억합니다.

"우상을 만들지 말라!"

제 안에 하나님보다 더 사랑하는
우상이 있다면 발견하게 해주세요.

그 어떤 것도
하나님보다 먼저 되지 않길 원합니다.

내 사랑아,
나는 내 자녀들이
최선을 다해 날 사랑하길 원한단다.

결코 어떤 것도
나보다 먼저 되지 않길 바라.

사람들은 모두 결핍이 있어서
그것을 채우려 집착하지.

물질에 결핍이 있는 사람은
물질이 최우선이 되고,
외모에 결핍이 있는 사람은
외모에 집착하기 쉽다.

결국 결핍이 집착이 되고
집착은 '우상'이 되지.

내 사랑아,
지금 네 결핍은 무엇이니?

그것을 아는 것에서부터
우상 제거 작업이 시작된단다.

그리고
네 결핍은 집착한다고 해결되지 않아.
안타깝게도 집착할수록
더 큰 결핍이 네게 주어지지.

오직 나만이
너를 결핍에서부터
자유롭게 할 수 있단다.

오늘 고백해다오.

"하나님, 제 결핍은 이것입니다.
무언가로 채워보려 했지만 소용없습니다.
하나님께서 제 해결책이 되어주십시오"라고.

내가 네 기도를 듣고
천천히 네 속의 결핍을
내 사랑으로 채워주겠다.

결핍이 채워지고, 집착이 풀리며
우상이 제거되는 은혜가 필요하다.

그 은혜가
사랑하는 내 아들, 딸들에게 있길 바란다.
그리고 네게 있길 바란다.

나 외에 다른 신을 두지 말라.

나 외에는 다른 신들을 네게 두지 말라

출애굽기 20:3

내 안의 결핍과 우상을 발견했을 때가
하나님을 최우선순위에 두어야 할 때입니다

맡겨주신 일을 잘 감당할 수 있을까 의심이 들 때

하나님,
지금의 제 삶을 둘러보면
하나님의 은혜가
부어지지 않은 곳이 없습니다.

제가 처한 환경과 상황,
사람들과의 관계와 일터까지
주님의 선하신 인도하심이 있었기에
여기 서 있습니다.

하나님이 이끌어오셨기에
앞으로도 이끌어가실 것을 믿지만
문득 걱정되고 의심할 때가 있습니다.

'내게 주어진 이 환경을
잘 감당할 수 있을까?'
혹은
'내겐 너무 과분한 듯한데,
감당하기엔 벅찬 것 같은데….'
이런 고민으로 한 날을 허비하기도 합니다.

하나님,
제가 주님께서 주신 축복을
부담으로 느끼지 않게 도와주시고,

축복을 감사함으로 누리며
하나님의 능력을 의지하여
모든 상황을 기쁘게 감당하게 해주세요!

내 사랑아,
여러 상황 속에서
네가 느끼는 감정은
당연한 거란다.

기뻐하기도 하고, 감동하기도 하고,
의심하기도 하고, 걱정하기도 하는
네 여러 감정들 말이야.

그런데 네게 허락한 상황은
너를 괴롭히기 위함이 아니야.
너를 더 자라게 하고,
나와 가까워지게 하는 통로지.

네게 맡겨진 일이
감당하기 벅차고, 어려워 보여도
포기하지 말고 나를 더욱 의지하렴.

내 사랑아, 나의 보석아!
너는 잘할 수 있어.

내가 네게 부어주는 능력으로
너는 어떤 상황이든
충분히 감당할 수 있어!

그러니 네 힘으로만
맡겨진 일을 감당하려고 하지 마라.

내게 기도하는 것과
기도하지 않는 것에는
엄청난 차이가 있다는 걸 기억하렴.

네 마음이 번민으로 가득 차오를 때면
지금처럼 내게로 나아와 말해주렴.

우리 함께 이 문제를 헤쳐 나가보자.

여러분은 땅에 있는 것들을 생각하지 말고,
위에 있는 것들을 생각하십시오

여러분은 이미 죽었고, 여러분의 생명은
그리스도와 함께 하나님 안에 감추어져있습니다

골로새서 3:2,3

내게 맡겨주신 일들을 감당할 수 있을지 의심이 들 때가
하나님이 나를 통해 일하심을 신뢰해야 할 때입니다

나를 타인에게 맞추려고만 할 때

하나님,
주님이 제게 부어주신 은혜가 너무 커서
다 감당할 수 없습니다!

저만 누리기에는
이 기쁨과 감사가 너무 귀하기에
만나는 이들과 함께 나누고 싶어서
열심으로 그들을 섬기고 이해하며 배려하지만
문득 지칠 때가 있습니다.

제 배려를 당연하게 받아들이고,
제가 할 수 있는 몫 이상을 바라며,
제 사랑과 노력을 가볍게 치부하는
사람들의 행동으로 마음에 상처를 입기도 합니다.

하지만 생채기 난 마음에
하나님은 더 큰 위로와 사랑을 부어주시며
은혜를 가득 채워주시기에
오늘도 다시금 그 사랑을 나누기 위해
기쁨으로 일어섭니다.

다만,
'내가 언제까지 이들을 사랑하고,
지금처럼 이해하며 참아야 할까?'라는 생각이 들면
어떤 마음으로 그들을 바라봐야 할지
전능하신 하늘 아빠의 마음을 구합니다.

작은 감정의 돌멩이 하나에 집중하느라
하나님이 부어주신 크신 은혜를 놓치지 않게
슬기로움과 온전한 분별력을 허락해주세요!

내 사랑아,
네가 밤낮으로
내게 받은 사랑을 흘려보내기 위해
기도와 눈물과 사랑으로
많은 이를 섬기는 것을 잘 알고 있어.

하지만 가끔 무리하는 네 모습을 보면
마음이 많이 아프단다.

나는 네가 누군가에게
무조건 맞추기보다는
사랑하기 원해.

혼자서 하는
사랑, 위로, 양보, 이해가 아닌
서로 사랑하고 위로하며,
양보하고 이해하는
관계가 되기를 원한단다.

내가 부어준 은혜를 온전히 누리고

네 자신이 감당할 수 있을 만큼의
선을 베풀며 살아가렴.

너 혼자서
사랑하고, 이해하고,
배려할 필요는 없어.

내게는 너도,
다른 사람도 똑같이 귀하기에
네가 무조건 희생하고 헌신하기만을
바라지 않는단다.

내 사랑아,
네 노력도 충분히 아름답지만
다른 이에게 너 자신을 맞추느라
네 자신을 잃지 않았으면 좋겠구나.

때로는 네 헌신과 섬김이 필요한 순간이 있어.
그때는 내가 마음을 부어줄 테니
내 말에 순종해주겠니?

내 사랑아, 기억하렴.
나는 버거움과 두려움의 멍에를
네게 지우지 않을 거야.
지금 지고 있는 그 멍에를 내게 다오.

다시는 네 해가 지지 아니하며
네 달이 물러가지 아니할 것은
여호와가 네 영원한 빛이 되고
네 슬픔의 날이 끝날 것임이라

이사야 60:20

나 자신이 없는 사랑으로 타인에게 맞춰가려 할 때가
하나님의 사랑을 더 깊이 묵상해야 할 때입니다

눈에 보이는 축복만을 바라고 있을 때

하나님,
유심히 제 기도 내용을 살펴보니
주님의 영광을 기뻐하고
신실하심을 노래하기보다

제가 원하는 것을
이루어달라는 소원 기도 비중이
더 많음을 깨닫습니다.

제 마음과 시선이
거기에 머물러있기 때문이겠지요.

당장 제 눈에 시급한 기도 제목만을 놓고
주님이 이루어주시길 기도했습니다.

하나님, 진정한 축복이란 무엇일까요?

세상 것들에 마음을 빼앗겨
하나님보다 하나님이 주시는 복에만
집중하는 제 모습을 봅니다.

제게 이 땅의 것만이 전부가 아님을 깨닫고
하늘나라를 바라볼 수 있는
지혜를 주세요.

내 사랑아,
너도 인간이기에
복을 받아 누리는 일에
관심 있음을 잘 안다.

내 아들 예수를 따르던
열두 제자도 마찬가지였어.
예수가 왕좌에 앉을 때를 기대하며,
자신들이 높은 자리에 앉을 미래를 소망했단다.

그런데 예수 그리스도가
이 땅에 온 목적을 알고,
십자가의 의미를 알고,
진정한 축복이 무엇인지 깨달은 후의 삶은
이전과 달랐단다.

순교하기까지
결코 죽음을 두려워하지 않고
예수 그리스도가 가르친 복음을 전했지.

왜냐하면 그들이 영원한 하늘나라를
바라보기 시작했기 때문이란다.

내 사랑아,
네가 내 안에서 진정 누릴 수 있는
가장 큰 축복은 십자가 사랑을 의지하여
나와 함께 걷는 거란다.

내 자녀들이 신앙생활과 삶 속에서
열심히 살아가는 이유와 목적이
더는 이 땅의 복을 받기 위함이 아니었으면 좋겠구나.

그러니 네 중심 가운데
언제나 내가 '있는지', '없는지'를
돌아보길 바란다.

내 아름다운 사랑아,
나와 이 십자가의 사랑을 누리자!
그리고 함께 영원히 거할
하늘나라를 바라보는 연습을 시작하자.

오늘도 내가 네게
진정한 행복을 가르쳐주겠다.

우리는 보이는 것을 바라보는것이 아니라,
보이지 않는것을 바라봅니다
보이는것은 잠깐이지만,
보이지 않는것은 영원하기 때문입니다

고린도후서 4:18

눈에 보이는 축복만을 바라고 있을 때가
하나님과 영원히 함께 거할
하늘나라를 바라보아야 할 때입니다

교회에 실망했을 때

하나님,
교회에 가기 싫어졌습니다.

주님은 제 모든 걸 아시니
제가 왜 가기 싫은지,
무엇에 실망했는지 다 아시죠?

주님의 몸 된 교회를 사랑해야 하는데,
이런 마음을 품고 있는
저를 불쌍히 여겨주세요.

주님의 따뜻한 손길로
실망한 이 마음을 만져주시고
회복을 명하여 주세요.

주님의 은혜를 베풀어주세요.

내 사랑아,
네 마음과 생각을 이미 다 안다.

네가 울분을 삭이며
아파하고 탄식할 때,
모두 듣고 있었단다.

교회는
나를 믿고 내 말에 순종하여
그에 합당한 삶을 살려는
사람들이 모인 곳이다.

그러나
완전하지 않은 사람들이 모였기에
때로 다툼과 시기가 있고,
관계의 어려움도 있지.

내 사랑아,
사실 너도 교회 자체에 실망했다기보다는
그 속의 관계에 낙심하여

교회를 떠나려는 마음이 들었잖니.

언제부턴가
세상의 그릇된 가치관인 돈과 권력이
내 몸 된 교회에 침투하기 시작했다.

그릇된 가치관을 수호하느라
분쟁이 생기고, 상처를 주고받으며
눈물 흘리는 내 자녀들을 본다.

내 마음이 매우 아프다.
내 마음이 매우 아프다.

이에 대한 심판과 판단은
내 몫이란다.

내 사랑아,
내 몸 된 교회에서 상처 받은 네 마음,
누구에게도 말하지 못하고
남몰래 흘리는 네 눈물을 닦아주고 싶구나.

내가 네 마음을 만져주겠다.

이 모든 문제 해결의 열쇠는
나와의 관계에 있단다.
교회에 실망한 네 마음의 회복도
거기서부터 시작되지.

내 사랑아,
내 관심은 언제나 네게 있단다.

교회에 실망했어도,
이미 교회를 떠났어도
나와의 관계를 절대 놓지 마라.

내가 매일 네게 사랑을 고백할게.
네 상처 받은 마음을 회복시켜 줄게.

그래서 오늘도 말한다.

사랑한다.
내 딸아, 내 아들아!

믿음의 창시자요 완성자이신 예수를 바라봅시다
그는 자기 앞에 놓여 있는 기쁨을 내다 보고서,
부끄러움을 마음에 두지 않으시고, 십자가를 참으셨습니다
그래서 그는 하나님의 보좌 오른쪽에 앉으셨습니다
히브리서 12:2

마음이 무너져 내려 모든것을 포기하고 싶을 때가
하나님의 음성에 귀 기울일 때입니다

내 안에 사랑이 메마를 때

하나님,
제 삶이 너무 가물어
하나님을 잊어버릴 때가
많은 것 같아요.

일에 치이고, 사람에 치이고,
물질과 감정에 치이는 날들이 이어지면서

누군가를 이해하고 배려하기보다는
멀리하고, 시기하고,
질투하는 제 모습을 발견합니다.

제가 여유를 잃어버린 건지,
하나님을 잃어버린 건지 헷갈려요.

결코 변치 않으시는 하나님의 평강과 사랑이
제 안에서 회복되기를 간절히 소망합니다.

영원한 샘물이신 하나님의 사랑이
지금 너무 필요합니다.

하나님의 사랑을 부어주세요.
그 사랑을 누릴 수 있는 여유를
제 안에 공급해주세요.

내 사랑아,
치열한 경쟁 속에서
하루를 보내느라 고생했구나.

마음을 지키기에 급급해서
이리저리 흔들리는 네 모습을 보면
참 안타깝다.

내 사랑아,
얼마든지 흔들릴 수 있지만
그 속에서 네 중심을 잘 지킬 수 있어야 해.

악의 습성은
네 연약함을 틈타 움직이지만
네 중심에 나를 믿는 믿음이
잘 자리 잡고 있으면 대적할 수 있단다.

누군가를 향한 질투, 분노, 시기, 적대감
그리고 배려하고 싶지 않은 마음까지
악은 언제나 네 마음을 비집고 들어가려 하지.

그것을 이길 수 있는 비결은
오직 내 사랑뿐이란다.

네 안에 사랑이 메마르면
성경을 펼쳐
내가 들려주는 이야기에 집중하렴.

성경은 내 사랑으로 쓰여진
너를 향한 내 편지이자 선물이란다.

"사랑에는 거짓이 없나니 악을 미워하고 선에 속하라"(롬 12:9).
"악에게 지지 말고 선으로 악을 이기라"(롬 12:21).

내게 시선을 계속 고정하렴.
네게 다함없는 사랑을 부어주겠다.

어느 순간,
네 안에 사랑이 회복되고
성장하는 걸 발견할 거야.

이 세상도 사라지고,
이 세상의 욕망도 사라지지만,
하나님의 뜻을 행하는 사람은 영원히 남습니다

요한일서 2:17

마음속 여유를 잃어갈 때가
하나님께 더 시선을 두어야 할 때입니다

교만한 자기 신앙의 모습을 발견할 때

하나님,
당신이 보시기에 제 모습이
얼마나 교만하고 거만한지요.

이만큼 성장시켜주시고
이끄신 것이 전적으로 하나님 은혜인데
까맣게 잊어버리고,
마치 내가 잘나서
내 힘으로 이룬 것처럼 생각하고 행동합니다.

나보다 부족한 사람을 보며 판단하고
제대로 못한다며 속으로 손가락질했습니다.

심지어 성경말씀을 잘 안다고 스스로 생각하여
"아는 말씀이네…"라며 제대로 묵상하지 않고
넘긴 적도 많습니다.

하나님,
영적으로 배부르고 교만한
저를 용서해주세요.

내 사랑아,
현재 네 모습을 자각하는
은혜가 있어서 기쁘구나.

아직도 내 자녀들 중에는
영적으로 배부르나
깨닫지 못하는 자들이 많아
마음이 무척 아프단다.

아주 오래전,
내가 내 백성 이스라엘을
심판하고 징계할 때
마음이 참 아팠단다.

나는 바벨론을
내 백성 이스라엘을 징계하는
도구로 잠깐 사용하고자 했지.
마치 부모가 회초리를 들어
자녀를 양육할 때처럼 말이야.

그런데 그들은
내 마음을 전혀 헤아리지 못했단다.

회초리에 불과한 그들이
자기의 힘을 과시하며
이스라엘을 무참히 짓밟았지.

내 사랑아,
네가 내 도구임을 잊으면,
네 힘과 자아가 더 드러나면
그때부터 교만이 시작된단다.

내가 너를 어느 자리에 세우고
역할을 맡길 때
너는 내 도구에 지나지 않음을
늘 기억하렴.

그리고 교만한 네 모습을 발견할 때
이렇게 고백하지 않겠니?

"나의 나 된 것은 다 하나님의 은혜입니다.
저는 하나님이 쓰시는 도구입니다.
이것을 기억하게 해주세요."

교만함의 자리에 거하지 않게
스스로 성찰하는 은혜가 있길 축복한다.

가지처럼,
늘 내 곁에 붙어있으렴.

주님을 경외하는 것은 악을 미워하는 것이다
나는 교만과 오만, 악한 행실과 거짓된 입을 미워한다

잠언 8:13

하나님 외에 다른것이 우선순위가 될 때가
교만함이 시작될 때입니다

사랑하는 가족이 몸이 아파 신음할 때

하나님,
제가 사랑하는 가족 중에 한 사람이
아픔 가운데 신음하고 있습니다.

하루가 다르게 고통스러움이 더해가고
아픔이 끝나지 않을 것 같은 두려움에
목이 바싹 말라갑니다.

몸이 아프니 모든 것이 멈추었습니다.

'하나님,
왜 우리 가정에 이 일이 일어났을까요?
평탄한 삶만을 누리며 살 수 없을까요?
이 상황 또한 주님께서 다 보고 계시죠?
우리를 위해 계획하신 일이 있지요?'

많은 사람이 위로의 말을 건네지만
마음속 그릇이 온전치 않아
그 말이 담기지 않습니다.

주님,
당신의 사랑과 위로가
절실히 필요합니다.

제 사랑하는 가족이
주님으로부터 멀어지지 않고,
이 상황을 당신의 은혜로
잘 견딜 수 있게 도와주세요.

내 사랑아,
육체의 고통을 견딘다는 게
얼마나 힘들고 고통스러운지
너무나도 잘 알고 있다.

사랑하는 이의 고통을 함께 견디며
눈물로 내게 나아오는 네 모습이
내 마음을 참 먹먹하게 하는구나.

내 사랑아,
왜 내가 이 땅 가운데
내 가장 사랑하는 독생자
예수를 보냈는지 아니?

좌우를 분별하지 못하고
나를 알지 못한 채, 죄 가운데 허우적대며
고통으로 신음하는 자녀들을 돌이켜
회복시키고 살리기 위해서였단다.

나는 회복시키고 살리는 하나님이야.

너를 지키고 사랑으로 보호하는 여호와란다.

네 사랑하는 가족도
동일한 사랑으로 내가 돌보고 있어.
내 계획 안에 선한 길로 인도하고 있단다.

고통 가운데 짓물러가는 네 마음을
내 사랑으로 덮어 치료해주고 싶구나.

어떤 말이든 내게 물어도 된단다.
어떤 감정이든 털어놓아도 된단다.

그리고
내가 너와 사랑하는 이를 위해
준비한 계획을 믿어주겠니?

쉽지 않겠지만
내 길을 네게 펼쳐 보여줄 그때까지
날 믿고 따라오렴.

오늘도 내 깊은 임재 속에 잠겨
진정한 평안을 누리렴.

그러므로 지금 잠시 동안 여러분이 여러 가지
시련을 겪으면서 어쩔 수 없이
슬픔에 빠져있더라도, 이것을 기뻐하십시오

베드로전서 1:6

사랑하는 가족의 아픔을 함께 느끼며 눈물 흘릴 때가
하나님의 사랑에 더 깊게 잠기게 되는 때입니다

음란에 빠져 헤어 나오지 못할 때

하나님,
제 안에 가득 찬
음란한 생각을 지울 수가 없습니다.

순간의 쾌락과 즐거움을 참지 못해
계속 넘어집니다.

어두운 생각이 물밀듯 밀려오면
하나님의 말씀을 읊조리고
기도도 해보지만

다시금 넘어지는 제 모습에
좌절하고 죄책감에 휩싸입니다.

'하지 말아야지!' 다짐하지만
또 무너지고 맙니다.

부끄러운 제 모습을
누구에게도 말할 수 없어 더 괴롭습니다.

하나님,
이렇게 형편없고 볼품없는
제 모습도 사랑해주시나요?

연약해서, 너무 나약해서
하나님 앞에 죄만 짓는 제 모습이
부끄럽고 죄송스럽습니다.

몸부림치는 저를 긍휼히 여겨주세요.

하나님,
이 괴로운 상황을
스스로 이겨낼 수가 없습니다.

주님의 강권적인 개입하심이 필요합니다.
도와주세요!

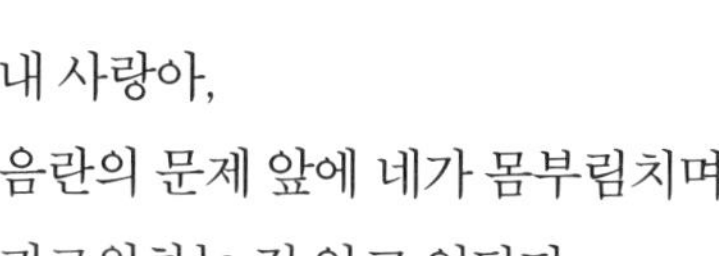

내 사랑아,
음란의 문제 앞에 네가 몸부림치며
괴로워하는 걸 알고 있단다.

먼저 어떤 경우에도
나는 너를 사랑한다고 말해주고 싶구나.

세상은 점점 더 자극적인 걸 원하고,
자극적인 웅덩이로 사람들을
끌어들이기 좋아하지.

내 사랑아,
음란의 문제는
끊임없이 너를 괴롭힐 거야.
그게 너 자신을 무너뜨리는
약점이기 때문이란다.

네가 음란의 문제에 부닥쳐
내 생각이 난다면
내 영인 성령이 부어주는 마음이야.

그 마음에 반응해라.
거룩을 위해 몸부림쳐라.

음란한 이 시대의 흐름에 동조하지 말고,
순간의 즐거움에 지지 마라.

거룩이 천천히
깊은 죄악을 덮을 수 있게
지금처럼 내게 도움을 청하렴.

나는 네가
나와 함께
성결해지기를 원한다.

내 사랑아,
내가 도와주겠다.
내가 함께하겠다.

하나님의 뜻은, 여러분이 성결하게 되는것입니다
여러분은 음행을 멀리해야 합니다

데살로니가전서 4:3

마음이 쾌락과 음란을 좇아갈 때가
하나님의 거룩하심 앞에 나아가야 할 때입니다.

삶에 의욕을 잃었을 때

하나님,
삶의 목적과 방향을
잃어버린 것 같아요.

모든 일에 무기력하고,
잠만 자고 싶고,
아침에 일어나기가 두렵습니다.

사람을 만나는 것도 피하고,
할 일을 자꾸 미루기만 합니다.

자연스레 하나님과의 관계도
소홀해지고 멀어지는 듯해요.

하나님, 제가 왜 이럴까요?

의욕 없는 제 삶의 문제가
어디서부터 시작된 건지 너무 답답해요.

이 시간 하나님께 지혜를 구합니다.

내 사랑아,
네 모습이 마치 방향을 잃고
표류하는 배와 같구나.

왜 그런지 나와 함께 살펴보자.

비전을 잃어버렸니?
혹 삶의 목적을 잃어버렸니?

내 사랑아,
너는 나로 인해 꿈꿀 수 있단다.
이 꿈은 네 비전이자 삶의 목적이기도 해.

내 사랑아,
배를 만들 때는 많은 사람의 손길이 필요하단다.
설계하고, 재료를 모으고, 용접하고, 건조를 하지.

배가 출항하기 위해서는
이 모든 과정이 꼭 필요하단다.

너는 내 사랑스러운 창조물이야.

배를 만들 때도 이런 정성이 필요한데,
이 세상의 창조주인 내가
사랑하는 피조물인 너를 만들 때
얼마나 많은 정성을 들였겠니?

내가 너를 창조한 목적은
창조주인 나를 알아가고, 찬양하고,
나로 인해 기쁘게 살아가게 하기 위해서란다.

그리고 그 대열에 더 많은 사람을
함께 세우기 위해 너를 창조했지.

이것이 너를 창조한 내 목적과 이유란다.
네게는 살아가야 할 충분한 이유가 있다.

자, 내 사랑아,
일어나라.
너를 사랑으로 창조한 나와 함께 살아가자.

주의 한결같은 사랑이 다함이 없고
그 긍휼이 끝이 없기 때문이다
"주의 사랑과 긍휼이 아침마다 새롭고,
주의 신실이 큽니다"

예레미야애가 3:22,23

삶에 의욕을 잃어갈 때가
하나님이 나를 만드신 창조목적을
돌아봐야 할 때입니다

하나님께서 부어주시는 마음을
이곳에 담아보세요.

PART 3

하나님의 음성에 귀 기울여야 할 때

불가능해 보이는 현실 앞에 마음이 낙심될 때가

하나님의 역사하심을 바라볼 수 있는 때입니다.

하나님의 일하심이 의심될 때

하나님,
제 앞에 놓인 이 막막한 문제들이
주님께서 허락하신 일인가요?

하나님께서 저를 놓아버리신 건 아닌지,
저를 버리신 건 아닌지
이 커다란 문제 앞에 마음이 무너집니다.

하나님을 더 깊이 사랑하고
더 깊이 알아갈수록
문제 상황 가운데
주님을 더 의지하려 하지만
감당하기에 너무 벅찹니다.

제가 감당할 만큼의
고통만을 허락하신다던 주님,

이 고통 가운데 제 마음이 녹아내립니다.
너무 괴로워 잠조차 편히 잘 수 없고
숨도 제대로 쉴 수 없습니다.

제가 감당할 수 없어 주님께 나아갑니다.
당신이 절실히 필요합니다.

여기까지 선하게 인도하신 주님을
의심하고 싶지 않습니다.

제 부족하고 연약한 마음 가운데
평안함을 부어주시길 간구합니다.

내 사랑아,
여러 문제 앞에 버틸 수 없고 감당할 수 없을 때
나를 찾아와주어 고맙구나.

다만 나는 네가 내 일을 의심하지 않기를 바라.

눈에 보이지 않음에도
믿음으로 나를 따라오는 일이
얼마나 두렵고 떨리는지 잘 알고 있단다.

하지만 눈에 보이지 않는다고
존재하지 않는 게 아니듯
너를 위해 일하고 있는 나 또한 그렇단다.

흔들리는 네 마음속에
내 진리의 말들을 새겨 넣으렴.

성경을 펼쳐 고난을 기쁘게 이기고
굳건한 믿음을 지켜가는
시편 기자의 고백을 묵상해보렴.

세상의 모든 답에는 오류와 한계가 있지만,
내가 네게 보여줄 문제의 답들은
언제나 완전할 거란다.

불완전한 것들을 완전하게 하고
부족한 것들을 온전하게 채우는
네 창조주인 내 능력을 의심하지 마라.

네가 슬퍼하고 아파하는 것보다
내가 더 가슴 아프다는 것 또한 잊지 마라.

내 말을 네 마음에 새기고
강건한 믿음으로 일어서라.

지금처럼 어디든 내가 너와 함께할 거야.

주의 법을 내 기쁨으로 삼지 아니하였더라면,
나는 고난을 이기지 못하고 망하고 말았을 것입니다

시편 119:92

나의 연약함을 인정할 때가
하나님의 완전하심을 바라볼 수 있을 때입니다

공동체에서 밀려나는 것이 두려울 때

하나님,
사람은 왜 어딘가에 소속되고 싶어 할까요?
왜 그렇게 살아가야 할까요?

공동체라는 무리 속에서
그 정체성에 따라 저를 감추고
무조건 따라야 하는 상황이 생깁니다.

편한 공동체든, 불편한 공동체든
항상 그 밑바탕에는
무리에서 밀려나고 싶지 않은
두려움이 있는 것 같아요.

제가 사람들의 마음을 얻기 위해
노력하고 있다는 걸
인정하지 않을 수가 없어요.

문득 이렇게 발버둥 치며
다른 이의 기분을 맞추는
제 모습을 바라보면서

'하나님의 마음을 흡족하게 해드리기 위해
지금처럼 노력해본 적이 있나?'라는 생각이 듭니다.

하나님,
제가 하나님보다 사람에게
더 마음을 쏟았음을 고백합니다.

무리에서 밀려나지 않고,
위태로운 자리에 외롭게 혼자 있지 않으려
하나님보다 사람을 우선시했음을 회개합니다.

제 작고 소심한 이 마음을
주님 앞에 내려놓습니다.

주님, 저를 놓지 말아주세요.

내 사랑아,
사람이 혼자서는 외롭고 고독하기에
또 다른 사람을 창조해
무리를 이루며 살아가게 했단다.

공동체가 나쁜 건 아니야.
하지만 그 안에서 다른 이를 통해
이득을 취하려 하고,
누군가의 감정을 함부로 휘두르는 행동은
있어서는 안 될 일이지.

내가 바라는 공동체는
외로움을 채우기 위한 목적이 아니란다.

서로 사랑하라.

공동체 가운데 내 사랑을 알고
서로 사랑하며, 헌신하고,
배워가는 관계를
이루게 하기 위해서야.

나보다 먼저 되는 것이 있다면
내려놓아라.

언제나 네 삶에
나보다 먼저인 게 있어서는 안 돼.

내게 있어서
너는 언제나 최우선순위인데
나는 네 삶 속에서
우선순위에 들었다가 밀려나기를
반복하는 것 같구나.

너를 탓하는 게 아니야.
다만 네 마음을 집중해서
내게 쏟아놓는 일을
게을리하지 말라고 알려주고 싶구나.

내 사랑아,
네 공동체와 너 자신을 위해
입을 열어 기도하렴.

건강하고 온전한 공동체는
내가 그 가운데 풍성히 거할 때
이루어진단다.

공동체의 연약한 부분은 기도로,
온전한 부분은 나눔으로
풍성하게 채워가렴.

무슨 일을 하든지, 사람에게 하듯이 하지 말고,
주님께 하듯이 진심으로 하십시오

골로새서 3:23

공동체 속에서 소외되는 두려움에 마음이 무거울 때가
하나님의 임재를 간절히 소망해야 할 때입니다

목회자에게 실망했을 때

하나님,
이 세상의 어떤 사람도
하나님의 심판을 피해갈 수 없음을
알고 있습니다.

세상에 일어나는 기근, 환란, 고통
그 모든 것이 하나님께 속했으며,
하나님의 철저한 계획 속에서
이루어짐을 믿습니다.

하나님,
오늘 안타까운 이웃 교회의
이야기를 접했습니다.

교회 곳곳의 부패함과
연약함과 무너짐을 바라보며
큰 공동체, 작은 공동체를 떠나
가정, 교회, 사회 모든 영역에서
리더와 목자의 자리가
참 중요함을 깨닫습니다.

더는 상처 받는 사람이 없길
애통하는 마음으로 기도합니다.

주님,
이 시대를 불쌍히 여겨주시고,
이 땅을 불쌍히 여겨주세요.

저부터 거룩을 위해
몸부림치는 자가 되게 도와주세요.

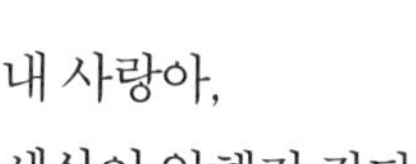

내 사랑아,
세상이 악해져 간다.

그럴 때일수록
거룩, 분별, 지혜
그리고 애통하는 마음이 필요하단다.

분별하지 못하고
거룩을 지키지 못해서,
이미 돈과 명예의 문제로
내 몸 된 교회와 내 종들이 무너지고 있다.

그 모습을 보며
너와 같은 수많은 내 자녀들이
실망하고 신음하지.

오늘도 뉴스를 보며 너는
'하나님, 제가 정말 존경하던 분인데,
어떻게 이렇게 쉽게 무너질 수 있죠?'라고
조금은 화난 목소리로 내게 물었지.

내 사랑아,
목회자들을 바라보며
그들의 연약함에
네가 휩쓸리지 않길 바란다.

육체를 가진 사람들은 모두
연약함을 가지고 있어.

그들의 잘못된 부분을 옹호하는 게 아니야.
그릇된 부분은 내가 심판하고 회복시킬 테니
너는 사람을 바라보기보다
내게 시선과 마음을 두고 따라오렴.

내 사랑아,
네 안타까운 마음을 내가 안다.

그런데 생각해보렴.
네가 존경했던 사람도 무너지고,
네가 완전하다고 생각했던 사람도
치명적인 약점이 있어.

그런데
너는 괜찮니?
그들에게 돌을 던질 자격이 있니?

너 또한 지금
옳은 길로 가는지, 그릇된 길로 가는지
계속 내게 묻고 나아가는 게 중요하단다.

그들의 연약함을 두고
판단하고 정죄하는 일에
네 마음과 시간을 쏟지 않길 바란다.

너 역시 완전하지 않으니,
내가 네게 들려주는 음성에
더 민감하게 반응하렴.

혹시
목회자의 설교와 그들의 삶에
내 모습이 보이지 않는다면
그들을 위해 기도하렴.

기름 부은 내 종들도
기도가 많이 필요하단다.

내 사랑아,
목회자에게 실망했다면,
그들과 너 자신을 위해
작은 기도를 시작해보렴.

너희 모두가 나를
더 온전히 닮아갈 수 있도록
분별과 거룩과 지혜를 더해주겠다.

내 사랑아,
오늘도 기도하기를 바란다.

사랑한다.

사랑하는 이여,
악한 것을 본받지 말고, 선한 것을 본받으십시오.
선한 일을 하는 사람은 하나님에게서 난 사람이고,
악한 일을 하는 사람은 하나님을 보지 못한 사람입니다

요한삼서 1:11

영적 리더에게 실망했을 때가
그를 위해서, 나 자신을 위해서 기도해야 할 때입니다

모든 일이 잘 풀려도 불안할 때

하나님,
제 삶에 손으로 다 셀 수 없는
복들이 넘쳐나는데
왜 감사보다 불안감이 더 클까요?

하나님께서 주신 이 복들이
안개처럼 사라져버릴까 두려워요.

주님이 부어주신 은혜를
감사로 고백하며 기쁨으로 누리기보다
'하나님을 잘 섬기지도 못했는데
왜 이런 복을 허락하셨을까?'라는
의문이 먼저 들어요.

무엇이 중요한지
머리로는 잘 알면서
삶으로 살아내지 못함에
마음이 어렵습니다.

하나님, 제가 주님께
모든 시선을 쏟길 원합니다.

삶에 복이 넘치든지, 메마르든지
하나님 한 분만으로 만족하며
이 불안함을 뛰어넘고
나아갈 수 있기를 소망합니다.

내 사랑아,
있다가도 없는 것이
이 세상의 것들이란다.

그저 네가 나 하나만으로 만족하며
기쁘고 감사하게 살아가는 게 중요하지.

네 손에 쥐어진 것들에 주목하는 대신
네가 가진 모든 것이 사라져도

오직 네 영원한 생명이 되는 내게
모든 것을 맡기고 살아가렴.

세상에서 복되고 잘되는 일이
전부는 아니지만
내가 네게 허락한 환경의 복과 은혜까지
부정하지 않았으면 좋겠구나.

내 사랑아,
의문과 불안함 대신에

'내게 부어주신 이 은혜에 깊이 감사하며,
다른 이들과 나누며 살아야지'라고
생각하는 건 어떻겠니?

내 은혜는
네게서 무엇을 취하기 위해
주는 것이 아니란다.
그저 너란 존재를 위해 거저 주는 거야.
선물 같은 거란다.

불안해하지 마라.
그건 내가 네게 허락한 마음이 아니야.

기뻐하고 즐거워하렴.
내 안에서 소망을 품고, 감사함으로 누리렴.
네게 부어주는 풍성한 은혜를 버거워 말고
나와 함께 은혜의 숲을 거닐자꾸나.

사랑한다, 내 소중한 보물아.

공중의 새를 보아라 씨를 뿌리지도 않고,
거두지도 않고, 곳간에 모아들이지도 않으나,
너희의 하늘 아버지께서 그것들을 먹이신다
너희는 새보다 귀하지 않으냐?

마태복음 6:26

하나님이 허락하신 삶 속의 축복을
온전히 누리지 못할 때가
내 삶의 감사를 점검해야 할 때입니다

복음을 전하고 싶을 때

하나님,
제가 복음을 듣고 영접하여
위대하고 은혜로우신 주님을 믿기까지
그 모든 과정이 참 귀하고 행복했습니다.

죄인일 수밖에 없는 저를
구원해주신 건
전적으로 주님의 은혜입니다.

저를 향한 하나님의 사랑이
제게는 최고의 감격입니다.

누군가 제게 복음을
전해주었던 것처럼
저도 다른 이에게
복음을 흘려보내고, 전하고 싶습니다.

제게 용기를 허락해주세요.

내 사랑아,
이는 자연스러운 거란다.

내 사랑을 깊이 알게 된 자는
내 사랑을 전하는 삶을 살게 돼.

성경에 보면
복음 전달자의 역할을 하며
자신의 온 삶을 바친 사람들이 많이 나온단다.

너 또한 내 사랑을 알았으니
전하고 싶은 게 당연해.
그러나 망설여지기도 할 거야.

낯을 많이 가리는 성격 때문에,
복음을 싫어하고 거부하는 사회 분위기 때문에,
혹은 복음을 어떻게 전해야 할지 몰라서
망설이거나 그 자리를 피하는 경우가 생기지.

내 사랑아,
그럼에도 입술을 열어라.
용기를 내어 어떤 방법으로든 행동하렴.

네가 복음의 씨앗을 뿌리면
내가 때에 따라 열매를 맺게 할 거야.

씨앗을 뿌리는 게 중요해.
네 작은 달란트를 사용해서 나를 전해보렴.

내가 함께하고
그 위에 성령의 기름을 부어주겠다.

네가 씨 뿌리는 자의
기쁨을 꼭 알았으면 좋겠구나.
때가 되면 복음의 열매를 통해
네가 더욱 크게 기뻐하고
나를 찬양하게 될 거야!

나는 포도나무요 너희는 가지라
그가 내 안에, 내가 그 안에 거하면
사람이 열매를 많이 맺나니
나를 떠나서는 너희가
아무것도 할 수 없음이라

요한복음 15:5

씨 뿌리는 일에 망설여질 때가
하나님이 열매 맺게 하심을 기대하며
용기 내야 할 때입니다

실패로부터 도망치고 싶을 때

하나님,
확신했던 상황이
제 뜻처럼 흘러가지 않고
제 무력함과 무가치함이 드러나는
이 상황이 괴롭습니다.

잘 버티고
감당할 수 있을 거라고 생각했는데
자꾸만 실패하고 넘어져
하나님을 실망시키는 것 같아
죄책감이 커져요.

하나님이 저를 창조하신
목적을 잊지 않게 도와주세요.

저를 지배하는 이 무력감은
결코 당신이 허락하신 감정이 아니며,
하나님이 제게만 허락하신
존귀함과 독특성이
제 안에 있음을 기억하게 해주세요.

내 사랑아,
네게 실패와 성공의 기준이 무엇이니?

물질적으로 부요해지는 것?
좋은 대학에 입학하는 것?
대기업에 취직하는 것?
완벽하고 행복한 결혼 생활을 하는 것?

만약 이 조건들이
네가 원하는 대로 이루어지지 않으면
실패인 걸까?

내 사랑아,
실패와 성공에 집중하기보다는
네가 지금 걷고 있는 과정에 집중하기 바란다.

그 결과가 실패일 수도,
성공일 수도 있겠지.
하지만 과정 속에 배움이 있다면
결과는 크게 중요하지 않아.

네가 열심으로 노력했어도
결과가 좋지 않을 수 있지만
그것으로 너를 평가할 수는 없단다.

네 존재와 가능성은 언제나 유일하지.

너는 하늘에 기준을 두고 사는 사람이란다.
너를 평가하는 다른 기준에
억지로 꿰맞추지 마라.

내 보배야,
내가 너를 참 기뻐하고 사랑한단다.

이것을 늘 기억하고
오늘도 내 임재 안에 머물러라.

소망 가운데 즐거워하며,
환난 가운데 참으며,
기도를 꾸준히 하십시오

로마서 12:12

실패의 상황으로부터 도망치고 싶어질 때가
하나님의 따뜻한 품 안에 머물러야 할 때입니다

죄와 타협하고 싶을 때

하나님,
요즘 죄와 자꾸만 타협하는
제 모습을 발견합니다.

오늘도
'이 정도는, 이것까지는 괜찮겠지',
'오늘만 하고 다음부터는 절대 안 해야지'라는
안일한 생각으로
하나님이 기뻐하시지 않는 곳에
마음과 생각을 두었습니다.

조금 더 편안하려고
제 영이 병드는 일을 택했습니다.
아무도 모르는 일이라고
스스로를 위안하며
하나님의 시선을 외면했습니다.

머리부터 발끝까지
악은 순식간에 퍼져버리는데
거룩은 너무나 천천히 퍼지는 것 같아요.

하나님,
제가 죄와 타협하지 않고
불의를 끊어내며
보다 거룩한 삶에 거할 수 있게
주의 말씀으로 저를 이끌어주세요.

주님의 빛을 비추어주세요.

내 사랑아,
너를 포함한 내 모든 자녀들은
죄의 습성에 쉽게 노출된단다.

그 속에서 때로는 타협하고
때로는 몸부림치게 되지.

죄와 타협하고 싶은 마음이 들면
스스로 '이 정도는 괜찮겠지'라는 판단에서 돌이켜
내게 와서 물으렴.

세상의 모든 판단과 정의에는 '오류'가 있지만
내 판단은 언제나 올바르단다.

내 사랑아,
이것을 기억하렴.

내 말씀 위에 굳게 서면
어떤 불의도 너를 지배하지 못한단다.

시편 기자를 기억해보렴.
극심한 고통 가운데
낙심하여 한탄도 했지만,
빛이 되는 나를 의지하며
끝까지 믿고 나아갔단다.

결코 희망과 소망을 잃지 않았지.

내 말씀 위에 굳게 서서
어떤 불의도 너를 삼키지 못하게 하렴.

수많은 순간 속에서
쉬운 길을 선택하고 싶겠지만
그 길에 내가 없다면
네 삶에 무슨 의미가 있겠니?

자, 어렵고 힘든 길일지라도
나와 함께 걸어가자.

내가 수많은 곤경 가운데 너를 지키고
네 삶에 기쁨이 끊이지 않게
사랑의 마음을 넘치도록 부어줄 것이다.

하나님은 악을 행하지 아니하시며
전능자는 결코 불의를 행하지 아니하시고
사람의 행위를 따라 갚으사
각각 그의 행위대로 받게 하시나니

욥기 34:10,11

죄와 타협하려고 할 때가
하나님의 말씀 위에 굳게 서야 할 때입니다

사랑하는 이가 고통 가운데 눈물 흘릴 때

하나님, 제 곁에 사랑하는 이가
감당할 수 없는 문제로 눈물 흘리며
애통하는 모습을 바라보는 게
너무 마음 아파요.

주님을 믿고 따르지만
엉망으로 망가진 인간관계 속에서
자신을 잃어버리고
끌려다니는 모습을 직면하며 괴로워합니다.

제가 그를 무엇으로 위로할 수 있을까요?

사랑하는 이의 고민을 함께 나누고 공감하며
"주님의 마음을 알아가 보자",
"이 상황까지 이르게 된 선택들을 돌아보자",
"하나님이 우리에게 보여주시는 부분을 생각해보자"라고
대화를 나누며 주님께 시선을 두려 하지만

많이 연약해진 그 심령의 애통함이
마치 제 일처럼 절절히 느껴집니다.

주님도 저와 같은 마음이시겠죠?

우리보다 더 아파하시는 주님,
사랑하는 이가
이 문제를 잘 버티며 이겨내길,
주님이 주시는 지혜를 의지하여
이 높은 문제의 담을
거뜬히 뛰어넘을 수 있길,

주님이 함께해주시길 기도합니다.

내 사랑아,
사랑하는 이를 위해
전심을 다해 기도하는 네 모습이
내 마음을 울리는구나.

네 일도 아닌데
네 아픔처럼 느끼며
그의 회복을 위해 기도하는 모습이
정말 귀하고 아름답단다.

네 기도는
사랑하는 사람에게
큰 힘이 된단다.
중보기도에는 힘이 있어.

내가 모세의 기도를 듣고
이스라엘을 살렸던 것처럼.

지금처럼 중보기도의 힘을 믿고
함께 나눈 마음을 위해 기도하길 바란다.

사랑하는 이가
지금까지 걸어온 길을 후회하고
또 그 선택에 따른 책임이
너무 커서 버거워할 때면

너희를 위해 함께 울며 기도하는
내 영을 기억하길 바란다.

지금은 벼랑 끝에 내몰린 것 같을지라도
그 순간에도 너희의 회복과 안전을 위해
내 영이 쉬지 않고 기도하고 있음을 잊지 마라.

눈물과 전심을 다한 간구는
역사하는 힘이 크단다.

나를 믿고 기도하기를 멈추지 마라.

주께서 내 영혼을 사망에서, 내 눈을 눈물에서,
내 발을 넘어짐에서 건지셨나이다

시편 116 : 8

내가 한 마디도 떼할 수 없는 애통 가운데 있을 때가
나를 위해 기도하시는 성령님을 의지할 때입니다

누리는 것보다 손해 보는 데 집중할 때

하나님,
간밤에 탈 없이 잘 자고
선물로 주어진 하루에 눈을 뜹니다.

그러나
하나님이 허락하신 시간을 보내며
감사하기보다 손해 보는 데 집중하는
제 모습을 봅니다.

삶의 모든 영역에서
내가 더 손해 보지 않기 위해
계산하는 제 모습을 마주합니다.

주님이 허락하신 이 환경이
얼마나 값지고 소중한지를
잊지 않게 도와주세요.

손해 보는 것 같은 감정에 휩싸여
소중한 것을 쉽게 잊고
더 중요한 것을 놓치지 않게

제게 단단한 마음과
때에 따라 필요한
분별력을 허락해주세요.

내 사랑아,
네 마음을 내게 가져와주어 고맙구나.

손해 보는 듯한 감정이
어느 기준에서 생겨나는 건지
내게 말해줄 수 있니?

내가 네게 주는 은혜는
아무 값도, 이유도 따지지 않은 거란다.

네가 그것을 온전히 누리지 않는다고
내가 손해 본다고 느끼진 않는단다.

나는 네게 주는 걸 즐기고,
네가 그것을 누릴 때
기쁨을 느끼기 때문이야.

지금 네가 누리는 것을
하나하나 돌아보렴.

손해 보는 듯한 감정이
거친 파도처럼 일어날 때면
내가 네게 부어준 삶의 감사들을 되짚어보렴.

이미 누리고 있는 건 익숙해지기 쉬워.
하지만 손해 보는 것처럼 느껴지는 감정은
자극적이고 갑작스러워
네 마음을 그 감정에 집중시키기에 충분하지.

파도처럼 일어나는 감정은
나를 의지할 때 가라앉히기 쉽단다.

스스로 그 상황을 버텨내고 이겨내려
마음에 생채기를 만들기보다
그 가운데에서 나를 찾으렴.

내 사랑아,
삶 속에서 손해 본다고 느낄 때면
너를 향한 십자가의 사랑을 꼭 기억하렴.

그저
내가 네 마음속에 거하고 있음을 믿고
언제든 내게 나아오렴.

주신 분도 주님이시요,
가져가신 분도 주님이시니,
주의 이름을 찬양할 뿐입니다

욥기 1:21

내 것이 아닌 것에 집중하게 될 때가
하나님이 거저 주신 은혜의 선물을 돌아봐야 할 때입니다

불가능해 보이는 상황에 마음이 무너질 때

하나님,
제가 오늘처럼
폭풍과 같은 문제에 봉착했을 때
먼저 두려운 마음이 듭니다.

문제보다 크신
하나님을 바라보는 게 아니라,
하나님 발아래에 있는
문제에 집중합니다.

하나님께서
지금도 날 위해 일하신다는 말이
큰 위로가 되면서도
금방 달라지지 않는 현실에
자꾸만 낙심합니다.

제가 하나님의 능력을
의심하지 않게 해주세요.

주님이 이루실 일들을

기대하며 기다릴 수 있게

제게 인내와 믿음을 허락해주세요.

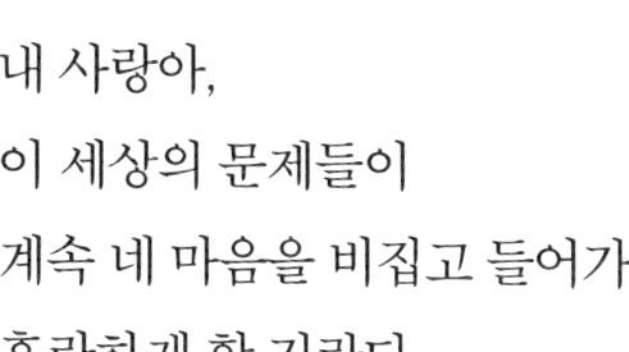

내 사랑아,
이 세상의 문제들이
계속 네 마음을 비집고 들어가
혼란하게 할 거란다.

그리고 그 틈을 타서
네 눈앞에 있는 나를
바라보지 못하게 할 거야.

세상의 언어에는
'불가능'이란 단어가 있지만
이 세상을 창조한 내게는
'불가능'이란 없단다.

당장 눈앞에 마주한 현실을
도저히 헤쳐 나갈 수 없을 것 같으면
불가능을 가능하게 하는
나를 깊이 생각하렴.

빼어난 성적,
사람들과의 관계,
원하는 취직자리.

내 사랑아,
지금 네가 도저히
해결할 수 없다고 느끼는
일이 무엇이니?

어떤 문제든
내게는 문제가 아니란다.

다만 그런 어려움 속에서
네가 나를 찾지 않으면
그 상황 자체가
너와 나 사이의 문제가 될 거야.

내 사랑아,
결과는 내게 맡기고
나를 의지해라.

그때야 비로소 너는
평안을 얻을 수 있단다.

그러니 내 사랑아,
버티기 힘든 지금의 마음을
내게로 가지고 와 내려놓으렴.

거센 폭풍을 잠잠하게 하고,
홍해를 갈라 내 백성을 구하고,
병든 자들을 깨끗하게 치료하던
내 능력을 의심하지 마라.

나의 때와
나의 방법은
네게 최고의 방법이란다.

네가 하는 모든 일에서 주님을 인정하여라
그러면 주님께서 네가 가는 길을 곧게 하실 것이다

잠언 3:6

불가능해 보이는 현실 앞에 마음이 낙심될 때가
하나님의 역사하심을 바라볼 수 있는 때입니다

하나님께서 부어주시는 마음을

이곳에 담아보세요.

PART 4

하나님을 전적으로 신뢰해야 할 때

하나님이 침묵하신다고 느껴질 때가

나를 위해 일하고 계시는 하나님을

전적으로 신뢰해야 할 때입니다.

사역에 지쳐 주일이 부담으로 느껴질 때

하나님,
죄인일 수밖에 없는 제게
당신의 사랑을 부어주시고,
부족함에도 당신의 일을
맡겨주시니 감사합니다.

그런데 요즘 제게
큰 고민이 있습니다.
그냥 넘어갈 수 없어
주님께 털어놓습니다.

처음에는 여러 사역이 주어짐에
참 감사하고 기뻤습니다.
그런데 어느 순간부터 그 기쁨이 사라졌습니다.

바쁜 사역이 지속되면서
저도 모르게 점점 지쳐갑니다.

언제부턴가 주일은
해야 할 일을 철저히 준비하고 점검하느라

시간이 어떻게 가는지 모를 정도로
바쁘게 지나가버리는 날이 되었습니다.

또 공동체 안에서
예상치 못한 문제가 생기거나
제 수고를 알아주지 않을 때면
주일이 부담으로 느껴집니다.

주님,
주일의 참 의미를 알고 싶습니다.
이 시간, 주님의 음성에 귀 기울여봅니다.

사역에 치여 주님과의 소통을 놓친
저 자신을 돌아볼 힘을 허락해주세요.

내 사랑아,
안식일의 주인은 나란다.

나 외에
그 무엇도 안식일의 주인이 될 수 없어.

내가 자녀들에게 허락한 안식일은
내 안에서 참 쉼을 누리는 날이란다.

그런데 요즘 너는
맡겨진 사역에 치여
내게 온전히 집중하지 못하더구나.

사역의 본질을 생각해보렴.

내 기쁨이 되고,
내게 영광 돌리려고
내 일에 힘쓰는 네 모습이 귀하지만

그러느라 나를 놓치고

내 안에서 참 쉼을 누리지 못하는
너를 볼 때면 마음이 아프단다.

내 사랑아,
지금 네 사역에 기쁨이 가득하니?
나는 형식적인 모습을 원하지 않는단다.
아니, 싫어한단다.

나는 말씀과 교제로
네게 참 쉼을 주고 싶고,
네가 자원하는 마음으로
기쁨에서 우러나오는 사역을 하길 원해.

물론 매 순간 기쁨이 가득할 수는 없겠지.
그러나 네 마음을 꼭 점검하렴.

내 사랑아,
내가 너를 도와주겠다.
네게 참 쉼을 부어주고
잃어버린 기쁨을 회복시키겠다.

수고하며 무거운 짐을 진 사람은
모두 내게로 오너라
내가 너희를 쉬게 하겠다

마태복음 11:28

사역에 지쳐 주일이 부담으로 느껴질 때가
하나님 안에서 참된 쉼을 누려야 할 때입니다

끊임없이 우울할 때

하나님,
오늘 하루도 우울한 감정에 눌려
무기력하게 보냈어요.

걱정거리와 두려운 일이 많고,
생각하다 보면 멈춰지지가 않아서
더 깊이 우울감에 휩싸여요.

제게는
주변 사람들과 말을 섞거나
출퇴근하는 것도
버겁고 힘든 일상입니다.

하지만 더 무섭고 두려운 건,
하나님으로부터 멀어지는 일이에요.

우울한 이 감정에 잠기면
하나님 말씀에 집중할 수가 없고
삶에 대한 비관적인 생각이 저를 지배해요.

이 감정에서 벗어나고 싶어요.

주님 안에서만 누릴 수 있는
참된 기쁨 속으로 들어가고 싶습니다!

내 사랑아,
지금 네 모습은 어린아이가 어두운 밤길을
두려움에 떨며 걷는 것과 같구나.

내가 곁에서 너를 꼭 붙들고 있는데
무엇이 너를 힘들게 하니?

네 마음을 지배하고 있는 걱정과 근심은
시간이 지나면 사라지는 감정이야.

그 감정이 지금 당장은 네 마음을 쥐어짜며
네 인생의 가장 괴로운 순간으로 위장하여
너를 괴롭히지만 나 외에 영원한 건 없단다.

네 영혼의 피난처인 내가 있음에도
네 마음이 힘을 잃어 똑바로 앞을 보지 못하는 건
네가 나를 떠나있기 때문이야.

우울의 망토를 벗어버리고 내게로 나아오렴.
언제나 너를 위해 두 팔 벌리고 있는 내게로 말이야.

하지만
아무것도 할 수 없고,
입술조차 뗄 수 없을 때는
그저 내 이름만 부르렴.

나를 부르며
네 마음속에 들려주는
내 음성에 귀 기울여보렴.

너를 아끼고 사랑하는 내가
네 마음속에 빛을 비춰줄게.
네 마음속 먹구름을 걷어줄게.

사랑으로 너를 기다리는
내게로 지체하지 말고 나아오렴.

주께서는 "내가 너를
떠나지도 않고, 버리지도 않겠다" 하고
말씀하셨습니다

히브리서 13:5

끊임없이 마음이 우울할 때가
나의 온 마음을 하나님께 쏟아놓아야 할 때입니다

반복되는 죄악에 마음이 괴로울 때

하나님,
날마다 눈뜨고
잠드는 순간까지
매일 죄를 짓는 연약한 삶이
인생임을 깨닫습니다.

하나님 앞에 나아가기에
그저 부끄럽고
죄악에 얼룩진 모습이지만
언제나 그 넓은 품에
저를 안고 다독여주시니 감사합니다.

이제는 반복되는 죄악과
죄책감으로부터 벗어나고 싶습니다.
하나님을 사랑하고
그 사랑을 고백하는
참된 신앙인의 삶을 살아가도록
저를 주님의 강력한 사랑의 끈으로 매어주세요.

내 사랑아,
반복되는 죄 앞에서
네가 얼마나 좌절하는지 잘 알고 있단다.

그 죄에서 벗어나기 위해
발버둥 치며 내게 나아와
회개하는 모습도 보고 있지.

내 소중한 사랑아,
죄로부터 네 걸음을 돌이키는 것도 중요하지만
나는 '용서하는 여호와'임을 잊지 마라.

나는 네 죄악을 탓하고 원망하기보다
죄에서 떠나고자 내게 눈물로 기도하는
네 모습을 더 중히 여기고,
또 용서하기 위해 기다리고 있단다.

내 사랑아,
내 아들 예수의 희생으로 인해
네 죄는 이미 십자가 아래에서 속죄함을 받았다.

나와 함께 반복되는 죄악으로부터 벗어나자.

당장에는 버겁고 힘들게 느껴지고
또 같은 죄 앞에 넘어질 수 있지만
서두르지 말고 천천히 걸어가자꾸나.

네 삶의 전부를 내게 맡기고
나와 발맞추어 오늘을 살아가자!

주께서 내 영혼을 사망에서,
내 눈을 눈물에서,
내 발을 넘어짐에서 건지셨나이다

시편 116:8

반복되는 죄악에 마음이 괴로울 때가
나의 모든 허물을 덮어주시는
하나님께 도움을 청해야 할 때입니다.

자꾸만 외적인 것에 시선이 머무를 때

하나님,
거울을 볼 때,
거리를 걸을 때,
사람들을 만날 때마다
제 안을 가득 채우는 비교의식에서
벗어나기가 참 버겁습니다.

다른 이들과 비교하여
나를 깎아내리기도 하고
스스로를 우위에 세우기도 하면서
거친 감정의 파도 속에 휩쓸립니다.

'누가 누구보다 낫다'라는 기준이
어디에 있을까요?

다른 이들의 다양성과
있는 그대로를 인정하고,
저 또한 인정받고 싶은데
마음이 생각처럼 이끌어지지가 않아요.

사람들의 시선을 의식하기보다
하나님의 시선이 머무는 곳과
당신의 마음에
더 집중해야 함을 알면서도
곁눈질로 다른 이를 의식합니다.

하나님, 제가 어떻게 해야 할까요?

사람의 평가보다 하나님의 평가에
민감하게 반응하며 살게 해주세요.

하나님의 보폭에 맞추어 걸어가는 일에
더 중심을 쏟게 해주세요!

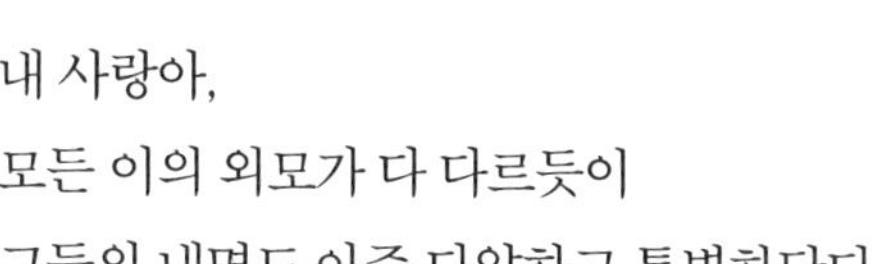

내 사랑아,
모든 이의 외모가 다 다르듯이
그들의 내면도 아주 다양하고 특별하단다.

외면과 같이 내면도 아름다운 이가 있고,
외면의 아름다움에 비해
내면이 아주 초라한 이도 있지.

하지만 외면보다 내면이
훨씬 더 깊고 아름다운 사람도 있단다.

내 사랑아,
나는 네가 이런 자가 되기를 원해.

외면보다 내면의 아름다움을 가꾸는 일에
더 집중하고, 마음과 정성을 쏟기 바라.

보이는 것은
잠깐 피었다 지는 꽃과 같지.
하지만 네 안에 담긴 아름다움은

네가 가는 곳마다 꽃을 피우고,
어두운 곳을 환하게 밝힌단다.

내 사랑아,
다른 이와의 비교를 그만 멈추렴.

비교하는 시간과 감정은
너를 어두운 웅덩이 속에
더 깊이 밀어넣는 일이야.

그런 생각이 가득 차면
'나는 하나님의 존귀한 자녀다.
전능하신 하나님의 손으로 창조되었고,
누구와도 비교할 수 없는 소중한 존재다'라는 말을
마음속으로 되뇌길 바란다.

사람은 감정과 상황에 따라
상대를 다르게 대하지만
나는 한결같이 그리고 영원히
너를 기뻐하고 사랑한단다.

이런 내 마음을 너도 함께 느껴주겠니?

하나님만이 우리의 피난처이시니,
백성아, 언제든지 그만을 의지하고,
그에게 너희의 속마음을 털어놓아라

시편 62:8

PRAY TO THE LORD

하나님이 아닌 것에 내 중심이 흔들릴 때가
주님을 향한 믿음을 점검할 때입니다

누군가를 미워하는 마음이 싹틀 때

하나님,
“서로 사랑하라”,
“네 몸과 같이 이웃을 사랑하라”라는
주님의 말씀을 따라 살기가
참 힘이 듭니다.

때로는 진심으로 대한 상대방에게
오해를 사거나,
아무 이유 없이
뒤에서 저를 시기하는 사람들도 있습니다.

하나님이 제 모든 허물을 덮어주셨듯이
그들의 허물을 덮고 사랑하려 해도
자꾸만 미움의 싹이 틉니다.

오해와 편견으로 휩싸인
이 관계와 상황을
어떻게 헤쳐 나갈지 막막합니다.

제 마음을 다 아시는 주님,

상처 입은 이 마음에
주님의 다독임이 절실히 필요합니다.

제가 이 상황을
슬기롭게 헤쳐 나갈 수 있게
주님의 지혜를 구합니다!

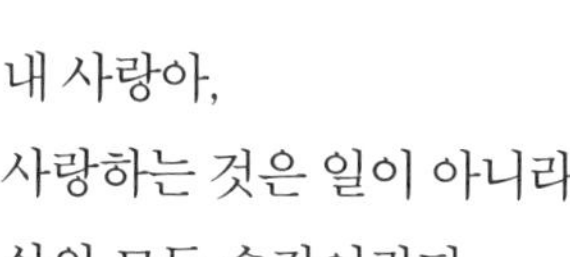

내 사랑아,
사랑하는 것은 일이 아니라
삶의 모든 순간이란다.

너를 아끼는 사람을
사랑하기는 쉬울 거야.

그러나 너를 미워하고
마음에 반복적인 상처를 남기는 사람을
사랑하기는 쉽지 않지.

하지만 나는 네가
그들을 더 깊이 사랑하길 원한다.

내가 너를 사랑하는 것처럼
너도 다른 이들을 사랑하렴.

내가 십자가를 지고 피를 흘린 이유는
너를 너무 사랑하기 때문이야.
그 피는 세상 모두를 위함이자

너를 위한 일이었단다.

원수를 사랑할 힘은
바로 여기서 나온다.
나를 통하지 않고서는
온전한 사랑을 이뤄갈 수 없어.

물론 선인장처럼 날카롭게 날이 서 있는
다른 이들의 오해와 편견 속에서
마음을 지키기란 쉽지 않을 거야.

하지만 내가 다 알고 있잖니.

네 마음과 선한 노력과
눈물로 그들을 위해 기도하는 모습을
다 보고 알고 있단다.

지금의 상황이 항상 똑같을 것 같지만
결코 그렇지 않단다.

내가 네 눈물을 닦아줄 테니
너도 누군가의 눈물을 닦아주렴.

미워하는 마음이
네 안을 틈타려 할 때마다
내가 네게 베풀어준 사랑을 생각하렴.

그 사랑이
네 안을 잠식하려는
부정적인 감정으로부터
너를 보호할 거야.

우리가 수고하고 힘쓰는 것은
우리 소망을 살아계신 하나님께 둠이니
곧 모든 사람 특히 믿는 자들의 구주시라

디모데전서 4:10

누군가를 미워하려는 마음이 싹 틀때가
내게 베풀어주신 십자가 은혜를 생각해볼 때입니다

하나님의 길이 아닌 쉬운 선택을 하게 될까 두려울 때

하나님,
오늘과 같이 제 삶이
통째로 흔들리는 기분에
압도당할 때가 있습니다.

온통 흔들리는 삶 속에서
두렵고 불안할 때가 있어요.

그러나 흔들리는 삶 자체보다
더 염려하는 건
제가 쉬운 선택을 하는 거예요.

어렵고 아픈 길이라도
주님이 말씀하시는 옳은 길을
순종하며 가는 게 아니라
그저 쉬워 보이는 선택을 하게 될까 봐요.

마치 제 삶의 주인이 저인 것처럼,
하나님이 안 계시는 것처럼
선택하고 살아갈까 두렵습니다.

주님,

이런 제 마음을

어떻게 지킬 수 있을까요?

내 사랑아,
두려움을 느끼는 것보다
거기에 파묻혀
나를 바라보지 못함이
더 심각한 문제임을 이미 알고 있구나.

네가 어려운 문제에 당면해
내 뜻이 아닌 쉬운 선택에 의지할까 두렵다는
그 고백이 내 마음을 울리는구나.

나는 하루에도 수만 명의 사람이
어려움과 힘듦을 감내하며
나를 좇기보다는
쉬운 선택을 해서
내게서 멀어지는 과정을 본단다.

귀하고 소중한 내 사랑아,
혼잡한 세상 속에서
네 마음이 흔들릴 때면

내가 네게 들려주는 이야기에
더 귀 기울여주길 바란다.

세상은 네게 쉬운 길을 선택하라고
가르치고 유혹하지만
내가 너와 함께 가고 싶은 길은
쉬운 길이 아닌 옳은 길이란다.

때로는 나와 걷는 이 길이
세상 사람들이 말하는 길보다
돌아가는 것처럼 느껴질 수 있어.
결코 순탄한 길도 아니지.

그렇지만
나와 함께라면 힘들지 않을 거야.

내가 네 손을 꼭 붙잡고 걷고 있으니
한 치 앞도 보이지 않는 어둠 속을 걷고 있다고
두려워하지 마라.

너와 함께 걷고 있는
나를 온전히 신뢰해라.

내 사랑아,
오늘도 쉬운 길을 선택하지 말고
옳은 길을 선택하렴!

예수께서 대답하셨다
"내가 곧 길이요 진리요 생명이다
나로 말미암지 않고서는, 아무도
아버지께로 올 사람이 없다"

요한복음 14:6

하나님의 길이 아닌 쉬운 선택을 하게 될까 두려울 때가
함께하시는 하나님을 믿고
좁은 길을 순종하며 걸어가야 할 때입니다

내 입술을 지켜야 할 때

하나님,
하나님께서는
남을 험담하는 것,
누군가를 시기하는 생각,
미워하는 마음 모두를
기뻐하지 않으신다고 말씀하셨습니다.

저도 잘 알고 있습니다.

오늘 하루, 돌아보니
제 입술을 지키지 못한 것 같습니다.

친한 사람이 누군가를 헐뜯을 때
진실을 잘 알지도 못하면서
얼결에 그에 동조했습니다.

사랑하는 사람에게
사랑의 말을 해주어야 하는데
그에게 말로 상처를 주었습니다.

제 입술이 변화되길 원합니다.

하나님,
누군가를 헐뜯고 비난하는 입술이 아닌,
사랑하는 이에게 사랑의 언어를 사용하고
주님의 이름을 찬양하며
이웃에게 복음을 전하는
입술로 살아가길 원합니다.

제 입술을 지켜주세요!

내 사랑아,
말은 네 마음의 상태를 보여준단다.
그래서 네 입술로 나오는 말들은
영적 거울과도 같아.

네 입술을 지키지 못한 건
네 마음과 영혼을
지키지 못한 것과 다르지 않단다.

네게 말할 수 있는 능력을 준 건
남을 헐뜯고 비방하라는 의도가
결코 아니다.

너희가 내 안에서
서로 사랑을 표현할 수 있게 하기 위함이지.

그리고 온 세상의 창조자이자
너를 만든 하늘 아빠를 찬양하고
감사하게 하기 위함이란다.

내 사랑아,
오늘처럼 네 입술을 지키기 힘들 때는
입술에 파수꾼을 세워달라고 기도하렴.

죄의 길로 가고 싶은 순간이 찾아온다면
내가 네게 들려주는 이 말을 기억해라.

"입으로 들어가는 것이
사람을 더럽히는 것이 아니라,
입에서 나오는 것, 그것이 사람을 더럽힌다"(마 15:11).

네 입술과
네 마음과
네 영혼을
더럽히지 말고 깨끗하게 하렴.

특히 사랑하는 사람에게
더는 말로 상처 주지 말고
네 입술을 굳게 지켜라.

네 힘으로 할 수 없으니
매 순간 내게 도와달라고 요청하렴.
내가 듣고 도와주겠다.

주님, 내 입언저리에 파수꾼을 세우시고,
내 입술 문 앞에는 문지기를 세워주십시오

시편 141:3

말은 내 마음의 상태를 보여줍니다
입술을 통해 판단과 비방이 쏟아져 나올 때가
입술을 가장 지켜야 할 때입니다

신앙과 삶이 일치하지 않을 때

하나님,
제 삶에 이중적인 태도가
어디서부터 시작된 걸까요?

주일 예배를 마치고 교회 문을 나서면
주님의 은혜와 사랑을
금방 잊는 것 같아요.

분명 교회에서 말씀을 듣고,
'말씀을 적용하며 살아야지' 하면서도
교회를 나서면 또 죄를 짓습니다.

입술로 말하는 신앙의 고백과
삶의 태도가 일치하지 않아
마음이 괴롭습니다.

외식하는 바리새인처럼
입술로만 거룩을 외치고
행함 없는 빈껍데기 같은 삶을 살고 있습니다.

예수 그리스도를 믿는
하나님의 자녀답게 살아가고 싶어요.

텅 빈 제 삶 가운데
주님의 거룩한 은혜를 부어주시길
간절히 간구합니다.

내 사랑아,
네가 모든 일상 속에서
나와 동행했으면 좋겠구나.

나는
교회나 네가 무릎 꿇고 기도하는 공간에만
머물러 있지 않단다.

네가 책을 읽을 때에나,
집 청소를 할 때에나,
일할 때에도
매일 네 걸음을 지키고
네 마음을 보호하며
너와 동행하기를 멈추지 않는단다.

내 사랑아,
믿음은 거짓으로 고백할 수 없어.

입술과 행실이 일치하지 않는 삶은,
내 말을 네 중심에 깊게 심지 못했기 때문이야.

믿음의 고백대로 삶을 살려면
온 마음을 다해 내 말을 믿고 따라야 한단다.

그리고 네 안에서 말하는
성령의 소리에 귀 기울여야 하지.

그럼에도 네 자아에 집중하고,
네 고집을 내려놓지 못한다면
말씀으로 변화되는 삶을 살기는 힘들단다.

믿음이란 너 자신을 내려놓고
나를 인정하는 일에서부터 시작된다.

나는 언제나 네 곁에 있단다.

밤이나 낮이나 네 모든 일상은
나와 함께 흘러가고 있음을 기억해라.

내가 적극적으로
네 삶 속에 개입하여 일할 수 있게
네 마음을 열어주렴!

믿음이 없이는 하나님을 기쁘게 해드릴 수 없습니다
하나님께 나아가는 사람은, 하나님께서 계시다는 것과
하나님께서는 자기를 찾는 사람들에게
상을 주시는 분이라는 것을 믿어야 합니다

히브리서 11:6

신앙과 삶이 일치하지 않을 때가 바로
일상 속에 하나님을 초청할 때입니다

하나님이 침묵하신다고 느껴질 때

하나님,
제 나름대로 열심히
주님을 따라 걸어간다고 하지만

지금 걸어가는 이 길이 맞는지
주님 앞에서 제 마음이 온전한지
주님께 확인해보고 싶은 것들이
한두 가지가 아니에요.

그러나 요즘 아무리 기도해도
하나님이 응답하지 않으신다고 느껴져요.

제 기도가 잘못된 걸까요,
아니면 제가 하나님께
큰 잘못을 저지르고 있나요?

기도를 들으시고
응답하지 않으시는 이유가 있나요?

세상 속에서 고독함을 느낄 때와 달리
하나님의 응답이 없는 삶은
매일이 너무 갈급하고 외로워요.

제가 주님 앞에
돌이키지 못한 죄악이 있다면
깨달아 알게 해주시고

하나님이 응답하시지 않는 이유가 있다면
제 안에 계신 성령님을 통해
깨달을 수 있게 말씀해주세요.

주님의 음성을 잠잠히 기다립니다.

내 사랑아,
네게 늘 말했듯이
나는 언제나 네 기도에 귀 기울이고 있단다.

네게 응답하지 않는 게 아니야.
다만 때에 맞는 응답과 계획을
보여주기 위해 서두르지 않을 뿐이란다.

네가 나를 찬양하고,
나를 깊이 생각하며 말씀을 묵상하고,
내게로 나아와 입술로 고백하는
그 모든 시간을 내가 어떻게 모를 수 있겠니?

하지만 '뚜렷한 이적',
'확실한 응답'이라는
보이는 틀에서 벗어나야 해.

내가 네게 응답하지 않는 것 또한 응답이란다.

네가 나를 느끼지 못한다고 여기는 건
네가 세운 응답의 기준이 있기 때문이야.

'응답'이라는 틀에
네 기도와 믿음을 가두지 말고
나와 기쁨으로 동행하는
순간순간에 마음을 두렴.

네가 큰 잘못을 하거나,
나를 떠나 잘못된 길로 가거나,
네게 응답해줄 필요가 없는 기도를 해서
응답하지 않는 게 아니란다.

나는 사람의 생각에 제한되는 창조주가 아니야.

때에 따라 나무에서 열매가 열리듯
때에 맞는 응답을 네게 들려주기 위해
지금도 너를 위해 일하고 있단다.

소중한 내 사랑아,
기도의 '응답'보다
나와 함께하는 기도의 '시간'에 집중하렴.
내가 네게 침묵한다고 느끼는 그 시간조차
응답임을 잊지 않았으면 좋겠구나.

내게로 와서 네 마음을 쏟아주어 고맙다.

쏟아낸 그 빈자리에
내 사랑을 가득 채워줄 테니,

늘 너와 동행하는 나를 더욱 붙들렴.

주의 얼굴을 주의 종에게로 돌리시고,
빛을 비추어 주십시오
주의 한결같은 사랑으로
나를 구원하여 주십시오

시편 31:16

하나님이 침묵하신다고 느껴질 때가
나를 위해 일하고 계시는 하나님을
전적으로 신뢰해야 할 때입니다

맡은 양들을 잘 돌보고 싶을 때

하나님,
제게 맡겨주신 양들을 잘 돌보아
주님께로 인도하고 싶습니다.

제가 리더로서
부족한 모습이 많기에
주님의 지혜를 구합니다.

한 영혼이 천하보다
귀하다고 말씀하셨던 주님,

제게 맡겨주신 양들을
혹시 잘못 인도하고 있는 건 아닌지
두렵고 떨리는 마음으로 주님 앞에 섭니다.

양들을 주님께로 온전히 인도하는
당신의 신실한 목자가 되기를 소망합니다.

내 사랑아,
내가 너를 처음 불렀을 때를
기억해보렴.

어떠한 자격을 통해
너를 부른 게 아니라,
사랑하라고 그 자리에 세웠단다.

내가 너를 그 자리로 불렀으니
감당할 수 있는 힘과 지혜를 공급할 거야.

맡은 영혼이 걱정되면
네 목자가 되는 내 앞으로 나아오렴.

내 사랑아,
네게 묻고 싶구나.

네가 맡은 영혼들의 삶에
얼마나 관심이 있니?

그들의 아픔과 회복을 위해
얼마나 기도하니?

한 영혼이라도
내게로 잘 인도하는 게 중요하단다.

그러기 위해
예수와 같은 마음으로 사랑하며
함께 울고 웃는 리더가 되길 바란다.

그리고 네가 전하는 모든 메시지는
내 이야기가 되었으면 좋겠구나.

복음 주변의 것만을 전하지 말고,
복음 그 자체를 전하는 목자가 되렴.

때때로 어떤 이들은
사역의 열매만을 강조하지만,
네가 바라는 그 열매가
숫자로 나타나는 성공이 아니었으면 좋겠구나.

사역의 이유와 목적이
나 외의 것이 되면
그때부터는 자기 의만 앞세우기 쉽단다.

열매를 맺는 건
네 일이 아닌 내가 할 일이란다.

그러니 오늘도 맡겨진 영혼들의 삶을 잘 돌보며
복음의 씨앗을 열심히 뿌리길 바란다.

나는 선한 목자다
나는 내 양을 알고, 내 양은 나를 안다
그것은 마치, 아버지께서 나를 아시고,
내가 아버지를 아는 것과 같다
나는 양들을 위하여 내 목숨을 버린다

요한복음 10 : 14,15

맡겨진 양들을 잘 돌보고 싶을 때가
한 영혼의 소중함을 생각하며
복음의 씨앗을 뿌릴 때입니다

하나님께서 부어주시는 마음을

이곳에 담아보세요.

하나님의 때

초판 1쇄 발행 2019년 4월 29일
초판 52쇄 발행 2024년 11월 29일

지은이 햇살콩(김나단, 김연선)

펴낸이 여진구
책임편집 김아진
편집 이영주 박소영 최현수 구주은 안수경 김도연 정아혜
책임디자인 마영애 노지현 조은혜
홍보 · 외서 진효지
마케팅 김상순 강성민
제작 조영석 허병용
마케팅지원 최영배 정나영
경영지원 김혜경 김경희

303비전성경암송학교 유니게 과정
이슬비전도학교 / 303비전성경암송학교 / 303비전꿈나무장학회

펴낸곳 규장

주소 06770 서울시 서초구 매헌로 16길 20(양재2동) 규장선교센터
전화 02)578-0003 팩스 02)578-7332
이메일 kyujang0691@gmail.com
홈페이지 www.kyujang.com
페이스북 facebook.com/kyujangbook
인스타그램 instagram.com/kyujang_com
카카오스토리 story.kakao.com/kyujangbook

등록일 1978.8.14. 제1-22

책값 뒤표지에 있습니다.
ISBN 978-89-6097-583-5 03230

규 | 장 | 수 | 칙

1. 기도로 기획하고 기도로 제작한다.
2. 오직 그리스도의 성품을 사모하는 독자가 원하고 필요로 하는 책만을 출판한다.
3. 한 활자 한 문장에 온 정성을 쏟는다.
4. 성실과 정확을 생명으로 삼고 일한다.
5. 긍정적이며 적극적인 신앙과 신행일치에의 안내자의 사명을 다한다.
6. 충고와 조언을 항상 감사로 경청한다.
7. 지상목표는 문서선교에 있다.

하나님을 사랑하는 자 곧 그의 뜻대로 부르심을 입은 자들에게는 모든 것이 合力하여 善을 이루느니라(롬 8:28)

규장은 문서를 통해 복음전파와 신앙교육에 주력하는 국제적 출판사들의 협의체인 복음주의출판협회(E.C.P.A:Evangelical Christian Publishers Association)의 출판정신에 동참하는 회원(Associate Member)입니다.